50代からの「幸せ」設計図

「YouTube図書館」運営 金川顕教

はじめに

人生100年時代といわれる今、50代といえば、ちょうど折り返し地点を過ぎたところです。よく、コップに半分残っている水を「もう半分しかない」と思うか、「まだ半分もある」と思うかという心理テストがあります。

これは、経営学者ドラッカーが説いた「コップの水理論」です。

この本を手に取られている方は、50代前後の方が多いと思いますが、まさに、この「コップの水理論」が当てはまるのではないでしょうか。

50代といえば、仕事もプライベートでも十分に楽しむことができ、「まだまだ若い」と思いながらも、老眼が進んだり、足腰の衰えを感じたり、血圧や血糖値が気になったりと、「もう若くはない」と感じるシーンも確実に増えてきます。

これといって病気を抱えていなくても、日々疲れやすくなったり、翌日にも疲れが残ってスッキリしない日々が続いたりしている方も多いのではないでしょうか。

転職にしろ、起業にしろ、恋愛にしろ、今よりもう少し若かったら、「まだ逆転のチャンスがある」「これからもう一花咲かせられるはず」と、自分に自信が持てていたのかもしれません。

ところが50代を迎えるころには、「自分の人生、こんなものだろう」と、どこか諦めに似た境地に陥っている人も多いと思います。

実際、50代となると、40代までとは違う多くの問題に直面することが増えてきます。自分たちの親も70代、80代となり、介護などで金銭的にも体力的にも時間的にも、かなり多くのリソースが費やされます。


子どもがいる人は手がかからなくなる時期ですが、大学費用などの教育費が100万円単位でかかります。子どもを持つのが早かった人は、子どもの結婚資金を援助したり、初孫が生まれるなどして、場合によっては金銭的援助が必要になることもあるでしょう。

かといって家のローンも残っていたり、いっぽうで老後の資金を用意しないといけないので、なかなか金銭的に厳しい生活かもしれません。


10代、20代、30代、40代とガムシャラに突っ走ってきて、いったん立ち止まってみるのがこの

50代ですが、心配事や悩みは山積み。「まだ50代」というより、「もう50代」と思ってしまいがちです。

しかしドラッカーは、「もう～ない」から「まだ～ある」に思考が変わるときにイノベーションが生まれると説いています。

みなさんの周りでも、同じ50代でも日々、幸せに過ごし、満ち足りた人生を送っている人はたくさんいます。

その秘訣は、何でしょうか？

それは、「イヤなことをやめて、自分のやりたいことをやる」ことです。どんな人でも、自分自身の気持ちを大切にし、人生を楽しんで生きる権利があります。

これまでの人生、親のため、会社のため、子どものため、○○のためと、さまざまなものに対して我慢をしてきた人は、そろそろ、それらの「○○のため」から解放される時期ではないでしょうか。

イヤなことをやめて、わがままに生きる権利が50代にはあるのです！

とはいえ、50代になれば、それなりの知性や教養、品格を兼ね備えていなければ、人に軽く扱われたり、ただの老害予備軍になってしまいます。

価値ある50代、さらには、周囲の人が憧れるような50代を生きるにはどうしたらよいのでしょうか?

現在、僕は動画チャンネル「ＹｏｕＴｕｂｅ図書館」を開設して毎月10本以上、年間１００本以上、累計１９１６冊以上の書籍解説動画をアップしています。

財テクから人生論まで、さまざまな書籍を読んでいますが、多くの成功者が語る中から、僕自身が「確かにそうだな」と学んだこと、実際に自分で実践して納得したこと、それらを僕なりに咀嚼して、「こういう50代を目指したい」と思う生き方、素敵な50代を生きるヒントを、この一冊にまとめてみなさんに紹介することにしました。

「人生が終わった」と思う50代ではなく、この本が「これから人生が始まる」と思える50代を過ごすため、その一歩を踏み出すキッカケになれば幸いです。

ＹｏｕＴｕｂｅ図書館運営　金川顕教

50代からの「幸せ」設計図

目次

CONTENTS

はじめに　3

第1章

メンタル編

人生をおもしろいものにするか、つまらないものにするかは自分次第　18
つらかったこと、できなかったことは、酒の肴ができたと思えばよい　20
50代は、ワクワクを追いかける最後のチャンスの10年　22
50歳からの成功に、学歴や社会的地位は関係ない　25
うまくいかないときは諦めるのではなく、別の方法を探してみる　27
今の自分に「マル」をあげれば、将来の不安をなくすことができる　29
ルーティンワークの仕事だとしても、成長しているもの　31
今を幸せに生きれば、老いが怖くなくなる　32
どんな小さなことでも、楽しみを持っている人間は強い　34
クヨクヨしなくなる方法は、「諦める」こと　36
自分と異なるものを受け入れ、悠然と生きる　38

ストレスに強いのは、「いい加減になれる」人 40
人生がおもしろくないと思うのは、人と自分を比べているから 42
「まだまだ若い者には負けないぞ」は厳禁。若い人やライバルと張り合わない 44
人生のテーマを持ち、さらに充実した年月を生きよう 47
年齢を言い訳にしない。人生、今が一番若いとき 48
「今から本気を出す」、目の前のことを一生懸命にやる 50
我慢を卒業して好きなことをしよう。ただし責任を持って 51
楽しい人生にするには、結果にこだわるよりも体験を増やすこと 53
新しい体験をしたいなら、若い世代に関心を持とう 54
楽しい人生に一番必要なのは、頭を若く保つこと 56
一人で楽しめることを増やし、「孤独時間」を充実させよう 57
50代からは「品格」がものを言う。相手のことを考えて発言する 59
自分の運命を受け入れた上で運命を変え、幸せを手に入れる 60
「器」は一つだけではない。どの「器」を大きくするか? 62
三つの魔法の言葉で、たいていの困難は乗り越えられる 63
残された時間は誰にも分からない。クヨクヨせずに、楽しく生きる 65
世の中に、自分が生きた証として何が残せるか考える 66

第2章 仕事編

仕事こそ自分がワクワクする最高の「遊び」である 70
「得ること」よりも、「与えること」を中心に考える 71
「やりたいこと」「得意なこと」「求められること」の三条件が重なる仕事を 73
ガムシャラに働くのではなく、仕事の勘所を抑えて定時に帰る 75
50代以降の仕事は「運ゲー」、力を抜いて頑張らない働き方をする 77
自分の仕事を充実させるのは自分自身。どこでも「仕事を楽しむ境地」になる 78
自分が間違えることもあると自覚すれば、部下がよく働くようになる 80
数字に残るよりも記憶に残る仕事。感謝される仕事をしよう 82
引退の時期を考える。ただし引退はゴールではなくスタート 83
自分だけにできるスキルを構築し、仕事で求められる人になる 85
「会社人間」の終活、自分がやってきたことを形に残す 86
転職、起業で成功できる50代はごく一部だということを認識する 88
退職後、第二の人生の収入源が得られる仕事を考える 90
試練が訪れたら、自分自身に与えられたチャンスと受け止めよう 91

第3章 人間関係編

幸せを感じられる人には、周りから人が寄ってくる 96
よいところばかりを見せようとせず、自分の弱みをさらけ出す 97
新しいステージの準備のための人脈は、会社にいるうちに深める 99
人生の質を高める50代、依存してくる人とは距離を取る 101
「○○してくれるのが当然」ではなく、感謝の気持ちを忘れずに 102
家事労働を経験し、家の中に自分の居場所を作る 104
50代からは、「仕事」よりも「家庭生活」を優先にシフトする 105
家族やパートナーだけでなく、「心の家族」の存在も大切に 108
家族やパートナーを「大切にすること」と「拘束すること」は違う 110
18歳を過ぎた子どもとは、一人前の大人として付き合うこと 111
大人の恋愛のあり方は、結婚という形に囚われない 113
友情は受け身で待つのではなく、自分からつなぐアクションをする 114
友人に嫌われることを恐れず、人生をワンステップ上げる 116
年下との人間関係を築き、年下から学ぶ柔軟な姿勢を持つ 117

自分より下の世代の人たちと、うまく付き合う五つのコツ 119
年下の人であっても、敬意を持って接する 121

第4章

余暇&健康編

プライベートの時間は優先的にスケジュールの確保をする 124
スケジュールをギュウギュウに詰めず、余裕を持たせる 125
人生における時間やライフイベントなどを完全にコントロールしようと思わない 126
人生を楽しむために、仕事以外の趣味を持つ 128
50代からの趣味はアウトドア系趣味とインドア系趣味を両方持つ 129
趣味はその場だけではなく、深めて極めていく 131
世界中の人に発信することで、誰かを幸せにすることができる 132
いつもの場所から離れて、心をリフレッシュさせる 134
年に1回は長期休暇をとって、滞在型の旅をしよう 136
旅行をするときは、「行けるところ」より「行きたいところ」に行く 137
どうしても趣味ができない人は仕事を楽しみ、趣味にする 139
何はなくとも「健康第一」、生きることの基本 141

健康のためには、無条件でお金を使う 142
病気になる前の予防が肝心。身体の不調を治す方法 144
朝、早く目覚めるようになったら、その時間を活用する 146
寝だめはしない。夜更かしをしても起きる時間は同じにする 148
「眠ろう」ではなく「起きよう」にシフトすることで不眠症を克服する 150

第5章

お金編

「老後資金2000万円問題」に惑わされず、個々の家計を考える 154
お金を残しすぎても墓場には持っていけない。お金を使う楽しさを覚える 156
残り50年の生活を考えるために、夫婦で家計のことを話し合おう 158
生活費、生命保険、自動車関連費。三つの支出の見直しをする 159
人生はゲームだと思えば、節約をもっと楽しめる 161
暮らしをサイズダウンして、身の回りをコンパクトに 162
50歳から、実際の収入がどれぐらい変化するのか数字で確認をする 164
退職金をご褒美と思ってはいけない。ムダ遣いは厳禁 166
ネガティブ意見だけを聞かずに、年金制度を大切にする 168

銀行に預けていれば大丈夫？　「預金は元本割れしない」を信じてはいけない 170
一つの銀行だけに集中せず、お金を分散させて預ける 172
専門家に丸投げするのではなく、自分でもきちんと知識を持つこと 173
ハイリターンの商品はハイリスク。うまい話に乗らない 175
投資は手堅い「投資信託」「つみたてNISA」「iDeCo」を利用する 177
生命保険で資産形成をしようとは思わないこと 181
節税やトラブル対応のために、税理士や弁護士との関係を作っておく 183
「今」の生活を豊かにすることにお金を使おう 185

第6章 今後の人生編

あえてアウェイの場所も。60歳までに自分の居場所を五つ持つ 188
簡単な体験より、難しい体験にチャレンジする 190
「第二の人生」は夫婦の会話からスタートする 192
「目標」や「生きがい」を持ち、下の世代から魅力的に映る高齢者になる 194
50歳は人生のスタート時。「人生の本番」は、70歳から始まる 195
人生で大切な心の若さを保つために、勉強する習慣をつける 197

教養がある人間とそうでない人間とでは、人生の質が大きく変わる　199
先生に学ぶときは「年齢」ではなく「キャリア」で尊敬する　200
「仕事にできたらいいな」と思っているだけでは、永遠にできない　202
「お金がない」「時間がない」のではなく「勇気がない」だけ　203

おわりに　205

STAFF
装丁◉池田香奈子
執筆協力◉下関崇子
編集◉長谷川華(はなぱんち)
DTP・校正◉アネラジャパン

第1章

メンタル編

人生をおもしろいものにするか、つまらないものにするかは自分次第

お笑い番組など、芸人さんのネタを見て、お腹を抱えて笑う人もいれば、「何がおもしろいのか、さっぱり分からない」と、つまらなそうにチャンネルを変える人もいます。

そもそもネタのレベルが低い、笑いのツボが違うということもあるのかもしれませんが、僕は、受け取る側の問題も大きいと思っています。

例えば、昭和の典型的なお笑い番組であるような、教室のドアに黒板消しをはさんで、先生がドアをガラッと開けると頭の上にそれが落ちてきて、頭が真っ白になるというようなベタないたずらがあります。

これも、「うまくひっかかってくれるかな」とワクワクしながら見ていればおもしろいし、「バカバカしい。くだらない」と思って斜に構えて見ていれば、ちっともおもしろくありません。

つまり、**何事もその対象をおもしろくするのは自分自身であり、逆につまらなくするのも自分自身**ということです。

そしてこのことは、人生そのものにも通じることです。

周囲を見回してみると、いつもニコニコ笑顔でおもしろそうに人生を送っている人がいるいっぽうで、いつもしかめっ面で、苦虫をかみつぶしたような顔をしている人がいます。

ニコニコと笑顔な人は、いつでも人生に問題がなくて絶好調！で、憂鬱な顔をしている人だけが谷ばかりなのでしょうか？

そんなことはありません。

じつは「人生苦悩ばかり」のような風情の人も、「人生楽しいことばかり」の人も、収入のレベルや、介護の問題、持病のことなど、抱えている問題や自分が置かれている状況は、たいして違わなかったりします。

50年を生きてきたみなさんであれば、人生、そうそうおもしろいことばかりではないですし、つまらないだけの人生でもないというのはご存じだと思います。

しかし、どんなにつまらないことであっても、**「おもしろいと思う努力」「おもしろがるクセ」をつけることで、人生が2倍楽しくなります。**

例えば収入が少ないのが悩みの場合、それに対してグチグチと文句をこぼすのではなく、節約をゲームのように楽しんでみるのです。

スーパーのチラシなど、今はネットでも見られるので、近所の店をいくつか比較して一番安いところを探したり、「今日、卵が198円で売っている店を見つけたから一日ラッキー」というように、自分で節約を楽しむようにしてみるとよいのではないでしょうか。

人生を楽しんで生きている人は、レシートの合計が777円だったら「今日はツイている！」と、そんな些細なことでもおもしろがることができるもの。

物事は何でも捉え方次第だと思います。

つらかったこと、できなかったことは、酒の肴ができたと思えばよい

「人生をおもしろがろう！」と言っても、やはり、日々、つらいことはあります。

人間関係でイヤなことがあったり、仕事で失敗したり、趣味で目標が達成できなかったことなど、落ち込んでしまうようなことがあるでしょう。

しかし、そんなときに大切なのは、**「まぁ、いいか」と受け止めること**です。人間、スーパーマンや聖徳太子のような聖人ではありません。

イヤなことがあっても、ズルズル引きずったりせず、「まぁ、いいか」と前を向きましょう。少々、仕事でしくじったことがあったとしても、その夜の一杯の酒が楽しく飲めれば、それで万事解決、と割り切るのです。お酒を飲まない人は、何かちょっと好きなデザートを買って帰るとか、その日の夜のお風呂で大きな声で歌うとか、はたまたカラオケで好きな歌を歌ってスッキリする、でもよいでしょう。

それでもつらいと感じるときは、そんな状況から距離を置いて、自分を客観的に眺めてみるようにしましょう。自分自身が主人公ではなく、演出家の目線で見るようにするのです。

今、自分が置かれているのはどういう状況なのか、原因は何か、一つ一つを整理していくと、第三者の目で、いろいろな方策が思い浮かんでくるはずです。

どんなにつらいことがあっても演出家目線なら、「ここで、とことんつらい思いをさせたほうが、その後の主人公の明るい人生につながるのではないだろうか」とか、「このつらい状況は、これから来る幸せの伏線になっているはずだ」と、起承転結のストーリーとして人生を楽しむことができるでしょう。

このような方法なら、つらいことの中にも、必ずおもしろい部分を見つけられるはずです。

「明けない夜はない」と言いますし、冬のあとに必ず春はやってくるのですから、つらい渦中にあっても楽しむ術を持つことが大切です。

どんな状況にも、着地点が必ずあります。どこに降り立ったとしても、**「まぁ、いいか」「こんな最悪なことは、二度とあるわけないだろう」と思って、その状況を楽しむ余裕を持ちましょう。**

50代は、ワクワクを追いかける最後のチャンスの10年

70代、80代ともなると、「終活」という言葉が頭をよぎるようになってきます。そろそろ人生の総仕上げに向かって、身の回りの整理をしたり、いざというときのための準備や備えをする必要があります。

しかし、50代の場合は、「自分の人生は先が見えた。もう終わりだ」と感じることがあったとしても、平均寿命を考えれば、そこから死ぬまでにまだ20年、30年、中には50年もの時間があるのです。

「人生、もう終わり」と思いながら何十年も過ごすのは、とてももったいない話です。まだまだ新しいことを始められる年代です。

これから先の時間、「自分は何ができるのか」「自分は何をしたいのか」を、ぜひ考えてみてください。

例えば、92歳の現役フィットネス・インストラクターのタキミカさんは、65歳でジム通いを始め、87歳でフィットネス・インストラクターに就任しました。

新聞ちぎり絵作家の木村セツさんは、夫の他界を機に90歳でちぎり絵を始め、作品集を出版したり、作品展も開催したりしています。

60代、70代でアクティブなシニアを見ると、意外とそのキャリアのスタートが50代以降だったりすることがよくあります。

僕は、学生時代に公認会計士試験に合格しましたが、中には50代から公認会計士を目指し、55歳〜65歳で合格している人もいます。

人生を振り返ってみると、**「今日」が、今までの人生で一番年を取っています**。しかし、未来へ続く人生に目を向ければ、**「今日」が、一番若い日**です。

みなさんも40歳になったとき、「もう40だし、今さら……」と諦めたことはありませんか？　それを今思い返してみれば、40歳なんてまだまだ若かったし何でもできたのに、なぜあのとき諦めたのだろう？と思えてきませんか。

10年後、20年後、50代の自分を振り返ったときに、「あのとき、スタートしていたら」「挑戦をしていたら」と、同じことが起こらないとは限りません。


自分にとって「ワクワクすること」を追いかけていくと、人生は大きく変わっていきます。それは、60代、70代、80代になっても同じです。

「自分には、もうムリだ」という考えは隣に置いて、まずは自由に自分のやりたいことを考えることから始めてみましょう。


50代はまだまだ仕事も現役、何か新しいことを始める余裕もなく、「60代になってから」「定年退職したら」と、先延ばしに考えがちなのが現実です。

でも、あと10年待つのではなく、「今」、始めてみるのです。

50代は、30代や40代に比べると子育ても一段落し、仕事でも煩雑な作業は部下に任せられるようになり、自分の時間を作りやすくなっているはずです。


新しいことを始めるのには活力が必要です。そして、これからの人生を考えると、「今日」が一番活力があります。できるだけ活力が残っている「今」が、新しいことを始める絶好の機会なのです。**50代は、自分の「ワクワク」を追いかける最後のチャンスの年代**とも言えます。

ぜひこのチャンスを逃さないようにしましょう！

50歳からの成功に、学歴や社会的地位は関係ない

今の50代の人生の前半には、いつも競争や比較といったものがつきまとっていたはずです。最近は学歴社会も崩れ、一流企業に勤めるよりもベンチャー企業で成功したいと思う人が昔よりは増えてきましたが、50代前後の人が10代、20代のころは、「一流大学に入学し、卒業後は一流企業に入り、出世コースに乗れた人が成功者」という、絶対的とも言える世の中の価値基準があったと思います。

しかしこれから先の人生の後半戦、**一流大学出身だとか一流企業勤務といったことは、もうどうでもいいこと**なのです。やりたいことをやり、毎日を生き生きと笑顔で楽しんで生きている人が、一番幸せで、一番充実していて、一番かっこいい生き方だと思います。

むしろ、いまだに「オレは○○大卒だ」と、過去の栄光を引きずっている人のほうがかっこ悪

いです。

50代になれば、学閥や出世競争などから離れて、プライベートを充実させていくことに力を入れましょう。

仕事一筋、24時間働く時代は終わりました。仕事は人生の中でも大きなウェイトを占めて長く続けているものだからこそ、いっぽうで休んだり、他の活動をしたりする時間も必要です。

そこで50歳からは、**仕事を続けながら、「自主サバティカル休暇」を取ってみることをおすすめします**。

サバティカル休暇とは、勤続年数が多い従業員に数カ月から1年といった長期休暇を与える制度のことです。これまでは社内でそういった制度があっても、なかなか取りづらいと感じていた人が多いかもしれません。

しかし、50歳からは「自分優先」！　長期休暇を柔軟に取れるように、少しずつ環境を整えていきましょう。長期休暇が難しいのなら、並行して他の活動もできるようにしていきましょう。

例えば平日は会社勤めをし、週末はイベントを開催したり週末農業をしたり。また、飲食に興味があるなら間借りで飲食店を営業するなどもいいですね。

やりたいことをやって生きている人たちは、楽しそうで元気です。会社を長期で休んだり、転職したり、働き方を変えたりしながら、仕事とやりたいことの両立を図っているので、ライフワークバランスもよく、心身ともに健やかです。

そういった生活をしていれば、老後の三大悩みである「健康」「お金」「孤独」もいっきに解消されるはずです。

うまくいかないときは諦めるのではなく、別の方法を探してみる

何事も、やる前から諦めてしまう人は論外ですが、何か始めても、ちょっとうまくいかないとすぐに諦める人がいます。

すぐに諦める人は、やりたいことをなかなか実現することができません。よく言われることですが、「成功する秘訣は、成功するまでやり続ける」ことです。成功している人は、1回で成功したわけではなく、その前に99回失敗しているということもあるのです。

自分で人生を切り開くことができる人は、決して途中で諦めることはありません。

例えば、自分のやりたい仕事で再就職がうまくいかなかったときに、「やっぱり、この年齢だからムリなのだろう」と、あっさり諦める人がいます。

しかし諦めない人は、「タイミングを計って再挑戦しよう」「再就職が難しいなら、まずはアルバイトから始めよう」と、別のアプローチ方法を探して試みます。

〝押してダメなら引いてみろ〟ではないですが、ゴールへの道のりは1本ではありません。もちろん、最短距離で行けるのが望ましいですが、多少、回り道をしたとしても、ゴールに辿りつくのが最終目標なのです。

ただし、ここで覚えておいてほしいのは、**「苦手なこと」や「やりたくないこと」は、すぐに諦めたほうがよい**ということです。「これは実現したい」と自分が切に願うことだけに、時間とエネルギーを注ぎ、諦めずに挑戦し続けてください。

人生100年、ちょっとうまくいかなかったからといって50代でやりたいことを諦めるのは、まだまだ早すぎます。

仕事も、幸せも、学びも、諦めずに自分なりの方法を見つけようとする人が、欲しいものを手に入れることができるのです。

今の自分に「マル」をあげれば、将来の不安をなくすことができる

50代になると、「定年後に働く場はあるだろうか」「寝たきりになったらどうしよう」「老後の生活費は足りるのだろうか」というように、将来について不安に思うことが増えてきます。

しかし、このように考えることは、全く意味がないです。なぜなら心配したからといって、それが現実になる可能性が減るわけではありません。むしろ、脳は考えていることを実現化しようとするため、不安が的中する可能性のほうが高くなってしまいます。

では、よい未来を想像すればよいのでしょうか？　じつは、そう簡単な話ではありません。僕たちは幼いころから、「〇〇をすれば↓結果が出る」という二段階思考を埋め込まれてきました。

例えば、「頑張れば↓志望校に受かる」「売り上げを立てれば↓出世できる」「甘いものを我慢すれば↓ダイエットできる」などなどです。確かに、勉強しなければ試験には受からないし、売り

上げを立てられない人が出世していくのは難しいです。甘いものを食べ続けていれば、痩せるどころか太るいっぽうです。

よい結果を出すためには、今、苦労しなければいけない。そんな刷り込みがあるので、よい未来にするためには、今、我慢が必要、つまり「今、我慢すれば→よい未来が来る」に置き換わってしまっている人が多いのです。

しかし、そんなことはありません。未来というものは、「今」の延長線上にあるものです。もし今、自分の気持ちが犠牲感でいっぱいなら、よい未来は絶対にやってきません。

さらに、「今、我慢すれば→よい未来が来る」というのは、一見、将来を見据えた前向きな姿勢のようでいて、実に危険な考え方です。なぜなら「よい未来を期待する」ことは、裏返せば、今が「ダメ」ということです。暗に自分で、今の生活が「ダメ」だと判断しているわけです。

今を生きていること自体、本当はとても幸せなことなのです。

なのに、「ダメ」「ダメ」と現実を否定していると、60歳になっても70歳になっても「ダメ」と、永遠に自分に「マル」をあげることなく、死ぬまでひたすら「ダメ」を出すだけの人生となってしまいます。

ぜひ、**今の自分に「マル」をあげてください**。そうすれば、「マル」な未来がやってくるはずですから。

ルーティンワークの仕事だとしても、成長しているもの

専業主婦の人で、毎日、同じ家事を繰り返している人、工場などで単純作業の仕事をしている人、一般事務の仕事をしている人など、来る日も来る日も同じことばかりを繰り返すルーティンワークの仕事についている人は、「何だかむなしい」という思いに囚われていることもあるようです。

自分がしていることは、変化に富んだクリエイティブな仕事とは違って、毎日、同じことの繰り返し。「このままでは、自分に成長がない。世界から取り残されている」と言う人もいます。しかし、それは正しくないと思います。

毎日、仕事や家事で同じことを繰り返している人は、絶対にその分野で成長を遂げています。皿

洗いのスピードが速くなったり、単純作業の仕事であっても効率化できるようになったり、必ず何かしらの成長をしているはずです。

図にすると、自分は同じところをグルグルと回っているだけのように感じるかもしれませんが、**横から見ると螺旋階段のようにスパイラルを描きながら、上へ上へと伸びているのです。**自分自身は、いつも同じところを歩いているので気づかないだけです。

ルーティンワークの仕事であっても、それに費やした時間は確実にグルグルと積み重なって、みなさんを高い位置に連れて行ってくれるのです。

みなさんの人生において、今が一番、高い位置にいるのです。自分のことを卑下するのではなく、**今日の自分が、今までで最高の自分であると認識してください。**

今を幸せに生きれば、老いが怖くなくなる

50歳を超えると、身近な人の「訃報《ふほう》」に接する機会が増えてきます。両親のような上の世代だけでなく、同年代でも闘病の末に亡くなったり、つい最近まで元気に一緒に飲みに行っていた友

人が急逝したりと、「死」を意識する機会が増えてきます。

ほとんどの人は、できるだけ長生きをしたい、死にたくないと思っています。しかし、**死は誰にも間違いなくやってきます**。

どれほど健康であったとしても、皆、オギャーと生まれたその瞬間から死に向かってカウントダウンがスタートしています。つまり、誰もが「死までの余命を生きている」とも言えます。

死が近いのは80歳、90歳の人だけではありません。50歳の人でも、60歳の人でも、人は皆、ゆるやかに死に近づいていっていることを、ここで今一度、意識する必要があります。

しかし、だからといって悲観する必要はありません、死に向かっているからこそ、貴重な「今」という時間を有意義に過ごさなくてはいけないという気持ちが生まれるはずです。

ですから、その「貴重な時間」を邪魔する**マイナス思考は、どんどん捨て去ってください**。なぜなら、僕たちの人生は**「今」という時間の積み重ねでできている**からです。

「今」を不安に生きていたら、不安という積み木ばかりが積み重なり、余命は全部不安だらけになります。

しかし、「今」を幸せに生きていれば、幸せの積み木が積み重なり、余命は全部幸せになります。

まずは、今日を幸せに生きること。それが老いへの恐怖をなくすことにつながるのです。

どんな小さなことでも、楽しみを持っている人間は強い

「今日を幸せに生きると言っても、自分の毎日は何の変哲もない生活だし」と、そう感じている人は少なくないと思います。

しかし、日々の生活に楽しみがないなんてことはありません。

こんな話を聞いたことがあります。ドイツ占領下のポーランドの悪名高き収容所、アウシュビッツ強制収容所では、囚人は絶望の毎日を送っていました。アドルフ・ヒトラー率いるドイツが、ユダヤ人を絶滅するホロコーストを行い、収容者はガス室に送り込まれ多くの人々が殺害されました。

しかしそんな中、一人の囚人は道端に小さな草が芽吹いているのを見つけ、その草を観察し、ひそかに育てることに希望を見出したといいます。

その囚人は、最終的にはガス室に送られましたが、絶望のまま人生を終えたわけではなかったと思います。小さな命を育てる楽しみによって、収容所という真っ暗闇の人生にひとすじの光が差し込んだわけです。

がんなどの病気で余命宣言されると、そのまま絶望のどん底に落ちてしまう人と、悲壮感が全くなく心から残りの人生を楽しもうという人に分かれますが、これもまさに同じです。

みなさんは、アウシュビッツ強制収容所に収容されたわけではありません。すでに「自由」を手にしているのです。「自分の人生、どうせ楽しみなんてない」とふさぎ込んだり、「人生なんて、楽しくなくてもよい」と投げやりになっていたら、本当にその通りの人生になってしまいます。

どんな小さなことでもよいですから、ぜひ日々の生活に楽しみを見つけてください。草花の成長や雲のうつろい、今日淹れたコーヒーがおいしかった、といったことでもよいのです。まさに人生に起こるさまざまな出来事を楽しめるか、つまらないままでいるかは自分次第です。**楽しみを持つことは生きる強みになりますし、人生に彩りも添えてくれます。**小さなことでも楽しめるマインドを持ちましょう。

クヨクヨしなくなる方法は、「諦める」こと

「日々の生活を楽しみに生きる」ことの最大の邪魔をしているのは、クヨクヨと考えることです。**クヨクヨと考えることほどムダな時間はありません。**

みなさんが今、クヨクヨと考えてしまいがちな内容を、ちょっと頭に思い浮かべてみてください。友人に貸したお金が返ってこない、あのとき恋人と別れなければよかった、どうして第一希望の企業に入社できなかったのだろう、あのとき、〇〇さんの誘いを断らずに転職していればよかった……。

過去の自分に起こった出来事や与えられた環境について、恨みがましく思い、ムダな時間を過ごしていませんか？

例をあげればキリがないですが、どれも自分では変えようのないことです。このようなことについて思い詰めているのは、意味がないことです。

考えても仕方のないことをウジウジと考えて、大切な毎日を台無しにしている人が世の中にはたくさんいます。

自分の人生に、わざわざ「欠けたところ探し」をしても、気持ちがマイナスになるだけです。50歳で「欠けたもの探し」を繰り返している人は、70歳になっても、80歳になっても同じように「欠けたもの探し」をして、自分に満ち足りることはありません。

満ち足りた人生を送るためには、**「今ここにいる、私という人間を生きるしかないのだ」と、諦めることが大切**です。そうやってすべてを受け入れて生きる人だけが、その人生を最大限に輝かすことができるのです。

「諦める」と言うと、後ろ向きに聞こえるかもしれないですが、仏教的に考えると、「あきらめる」は「明らかに観る」ということです。**諦めることによって、本質を見抜くことができるようになります。**

ですから、イヤなことや過去の後悔などは上手に諦めて、上手に忘れてください。過去への思いや、未来に対する妄想を諦めたときにこそ、本当の「今」を生き、日々の生活を楽しみにすることができるのです。

自分と異なるものを受け入れ、悠然と生きる

近年、企業や地域コミュニティにおいて、ダイバーシティ（多様性）の波が押し寄せています。日本に住む外国人が増え、都内ではコンビニや飲食店の店員が全員外国人というのも珍しくなくなりました。

しかしそれだけでなく、そもそも**個人の価値観も多様化しています**。

もともと島国で暮らしていた日本人は、似たような人たちに囲まれていました。付和雷同という言葉もありますが、会社でも上司の言うことに同調して動くのがよしとされ、あまり自分の意見を言いづらい土壌でした。

しかし令和になった今、ＬＧＢＴＱ問題もそうですが、**多様化を嫌うのではなく、受け入れる思考が必要とされる時代となりました**。

さらにそれだけではなく、個性の違う一人ひとりが、それぞれの働きをしてお互いに助け合い、支え合うことで得られる真の一体感も求められる時代になっています。

50代の方はご存じの方も多いと思いますが、「みんな違ってみんないい」のフレーズで有名な、金子みすゞの『私と小鳥と鈴と』の詩を、ここで改めて紹介させてください。

私が両手をひろげても、お空はちっとも飛べないが、
飛べる小鳥は私のように、地面《じべた》を速くは走れない。
私がからだをゆすっても、きれいな音は出ないけど、
あの鳴る鈴は私のようにたくさんな唄は知らないよ。
鈴と、小鳥と、それから私、みんなちがって、みんないい。

金子みすゞは、人間だけではなく、小鳥のような他の生き物や、鈴のようなものに対してまで、そのものが持つ独自の価値を認めています。

この壮大な世界観を自分の人生観にインストールできたら、仕事やプライベートでも、自分と違う意見が出ることは、あまりにも当然でかつ健全なことだと分かると思います。

そして、「違う」と言って排除したり、否定したりするのではなく、**すべてを受け入れて悠然と過ごすこと**。それが素敵な50代を生きるコツと言えます。

ストレスに強いのは、「いい加減になれる」人

日本人のよいところでもあり、悪いところでもあるのは、真面目すぎるところです。特に、終身雇用が当たり前だった中高年の方は、大きな会社組織の中で歯車となって、コツコツと地道に働いてきた方が多いです。

さらに、「こうあるべき」「こうしなければいけない」といった完璧主義に陥っている人も多く、そういった完璧主義は、自分を追い込んでしまい、ストレスの大きな要因となります。

完璧主義者の人は、他人にも同じように１００％を求めてしまう傾向があります。なので相手ができないと当然イライラしてしまうし、相手から嫌われる要因にもなってしまいます。

一般的に、完璧主義や頑張りグセというものは、年齢を重ねる中で、さまざまな経験を積んでバランスの取り方を覚えていくものですが、壁にぶつかることが少ない人は、そのまま完璧さを求めたまま大人（老人）になってしまいます。

そして、いつのまにか完璧主義から生じるストレスの渦から抜け出せなくなるのです。

どうしたら、このストレスから抜け出すことができるのでしょうか？

それは、「いい加減」になることです。「いい加減」とは、「テキトー」という悪い意味ではなく、「いい加減＝よい加減」ということ。

そのいい加減になれる手段として一番簡単な方法は、**自分に課しているハードルを、まず下げること**です。

「こうあるべき」という考え方を「このほうがよい」という言葉に置き換えるのです。例えば、「健康のためには朝は6時に起きて、1時間散歩をすべし」という考えを、「朝は6時に起きて、1時間散歩をしたほうがよい」と置き換えるだけで、寝坊をして散歩ができなかったときの自分への追い込み方が、全く違うのが分かると思います。

そうやって、**できなかった自分を許してあげる**のです。

そして、「6時半に起きてしまったから、30分だけ散歩をしよう」というように、「やらないよりはよい」という、プラスの基準を持ちましょう。

もし、完璧にこだわるのであれば、自分自身ができる範囲の中で「一番」を見つけることです。「健康のために、出勤時の地元駅では必ず階段を使う」というように、規模が小さいことや時間的に限られていることだったとしても、達成感や充実感が得られれば、それが爽快感となってストレス解消にも役立ちます。

人生がおもしろくないと思うのは、人と自分を比べているから

もしみなさんが「人生がおもしろくない」と思っているのであれば、それはみなさんの周りで人生をおもしろそうに送っている誰かと自分を比べるからです。

「よいことなど、何もない」と、ふてくされているのなら、それはよいことに囲まれていそうな誰かと自分を比べているからです。

お釈迦様は「足るを知る」という言葉を残しました。僕たちは、すでにすべて足りていて、何も望むことなどないのに、それを探しては苦しんでいます。

なぜ、僕たちが「足るを知る」ができないかというと、その原因の一つが「比較」です。つい自分と誰かを比べて、「自分にないもの」を探し出しているのです。

そのいっぽうで、自分よりも恵まれない境遇や環境にいる人を見ると少し安堵するのも、これ

また他の誰かと自分を比較することで生まれる感情です。

上を見たらキリがないし、下を見てもキリがないのです。**人と自分を比べることは、全く意味がありません。**上を見てしょげ、下を見てはしゃぐのは、意味のない一喜一憂です。

小さいころ、両親から誕生日プレゼントに仮面ライダーや、リカちゃん人形をもらって、飛び上がるほど嬉しく思って遊んだ経験があるでしょう。

しかし後日、友達の家に遊びに行って、変身グッズやリカちゃんハウスを見て、羨ましく思い、両親に不満の気持ちを抱いた経験がある人もいるのではないでしょうか。

他と比較するまでは、満足していて幸せだと感じていたのに、比較した途端に不満足で幸せでないと感じるようになるとは、まさに「不幸な話」です。

比較グセのある人の不幸なところは、終わりがないことです。世の中には、すごいお金持ち、すごいハンサムや美人、すごい天才がいます。

人と比べたところで、自分が変わることはありません。人と比べることで、ご自分のつまらなかった人生がおもしろくなりますか？　よいことがなかった人生に、よいことがやってくるのですか？

受験勉強や出世争いなど、競争社会で常に人と競争をしてきたので、つい人と比べるクセがついているのかもしれませんが、そろそろ人と比べることをやめましょう。

「人は人、自分は自分」と腹をくくれば、人生はスッキリします。自分の尺度、価値観で生きましょう。

よそ見をして、人が行く道に目を向けていたら、自分の足元がおぼつかなくなります。とにかく、自分の道を行けばよいのです。人生の楽しさも、おもしろさも、ご自分の道の中にしかないのです。

「足るを知る」ができない人生を送ることから、そろそろ卒業してはいかがでしょうか。

「まだまだ若い者には負けないぞ」は厳禁。若い人やライバルと張り合わない

50代からは、自分より年の若い人やライバルと張り合うことを少しずつやめていきましょう。50代になると、若手の突き上げやライバルの大成などが気になるのも分かります。

自分が出世コースから外れて部下が昇進したり、早期退職して独立した人が事業で成功したり、

ワーキングママとして頑張っていた友人が管理職になるなど、周囲の動向が何かと気になってしまうものです。

しかし、**他者と競うのではなく自分自身の存在意義を見つめ直すように視点をシフトすると**、心がいっきにラクになります。

50代の最大の価値は、「今まで積み重ねてきた経験」です。経験を積んできた50代には、若さで頑張っている人にはない、社会人としての落ち着きが身に付いています。

そして他者と競うよりも、「周りに喜んでもらうためには何ができるか」と考えることに意味があります。

自分のためより相手のためという意識を持って仕事をすれば、社内外からも信頼を得ることができます。

出世コースから外れて社内で窓際族になっていても、若手の育成に力を入れることができます。ずっと主婦でパートとして働いていたとしても、それも立派なキャリアです。コミュニティカフェや子ども食堂、家事代行サービス業など、これまでのキャリアが必要とされる場はたくさんあります。

またサービス業などでも、「年齢」が武器になるところもあります。店によっては若手の接客よりも年配の人のほうが、お店の高級感や信頼感、安心感へとつながるからです。

つまり、逆に言えば50代が評価されるためには、社内外の関係者やお客様に、信頼感や安心感を与えられることが必要です。

そして、その「信頼感」や「安心感」を与えるベースとなるのが、知性や教養、品格です。これらを兼ね備えていなければ、安っぽい人間に思われ軽く扱われてしまいます。

50歳を過ぎたら若い人と張り合うのではなく、まずは自分がどんな立場であれ、**他者のために「自分は何ができるか」を考えて、ご自分が動く調整役になること**。それにより、あなたの存在は大きくなっていきます。これは数字を出すことに躍起になっている人や若い人にはなかなかできない役割です。

大きなことをしようとする必要はありません。信頼できる人物、そして他者に安心感を与えられる人物になりましょう。

人生のテーマを持ち、さらに充実した年月を生きよう

みなさんは、人生のテーマを持っていますか？　まだまだ体力もあり、活力みなぎる50代は、**人生に「テーマを持つこと」が重要です**。人生をかけて成し遂げたいこと、将来のビジョンを持つことが、「次の5年、10年の生活」を充実させる原動力にもなります。

では、どうやってテーマを決めたらよいでしょうか？

50代は今まで身につけたキャリア、仕事上の知識や技術、生活者としてのさまざまなノウハウを持っています。それらを眠らせておくのは、社会にとって大きな損失です。

そこで、自分のキャリアを見直して、周りの人や後進のために役立つよう、**過去のキャリアを活かしてぜひ、その分野でのスペシャリストとして活動してください**。といっても大げさなことではなく、周囲の相談に乗るとか、ちょっとしたコミュニティでそれを教えるとか、そういったことから始めてみればよいのです。

そういった活動は、みなさんにとってもプラスなことですし、みなさんに指導される人々にと

ってもありがたいことです。人に喜ばれ、世の中をよくすることに貢献できるのは素晴らしいことだと思いませんか？

テーマが見つからないという人は、自分自身で、「何が好きか」「何をやっているときが楽しいか」「何をやりたいか」「どんなことで人の役に立てるか」を自問自答してみてください。きっと答えが見つかるはずです。

年齢を言い訳にしない。人生、今が一番若いとき

先のテーマを考えるときに、すぐ「もう年だから」と年齢を言い訳にしてはいけません。年齢を重ねてくると、「もう年だから」という言葉を免罪符のように使っている人がいます。「もう年だから、派手な服は着られない」「もう年だから、若い人についていけない」「もう年だから、今から始めても仕方ない」というように、何かと年齢を言い訳にします。「もう若くないのだから、今からテーマを決めたって、自分にはどうしようもない」と、変えようのない年齢という事実を持ち出して、周りに言い訳をすると同時に、自分も納得させようとしています。

年齢を重ねて衰えるものがあるのは当たり前です。老眼が進んで視力は衰えるし、若いころのように徹夜で仕事ができる体力もありません。焼き肉を食べに行っても、霜降りのお肉なんて頼んだ日には、数枚で胃もたれしてしまいます。

しかし、肉体的な老化は避けられませんが、頭脳はまだまだ現役です。多少、物忘れがひどくなってきたりするかもしれませんが、仕事という面では、これまで培ってきた知識や技術、知恵で、いくらでもカバーすることができます。

人を受け入れて交わる力。現実を認めて対処する力。工夫して生み出す力など、知恵と経験によって、これまでできなかったことが可能になることもたくさんあります。

年齢を重ねれば重ねるほど、「もう年だから」をログセにする人と、年齢を言い訳にしない人の差はものすごく開いていきます。

「もう年だから」と言っている人は、行動範囲も人間関係も狭まって、見た目も老け込んできます。言い訳をして諦めるのはかっこ悪いことです。**「人生で今日が、一番若いとき」**なのですから、今すぐ「もう年だから」は禁句にしてください。

「今から本気を出す」、目の前のことを一生懸命にやる

これまでお伝えしてきた人生のテーマを決めることはとても大切なことですが、それを実行に移すのは、もっと大切なことです。

よく、「まだ本気を出していないから」「ちょっと本気になれば、これぐらい簡単にできる」と言う人がいます。しかし、そういう人は待っていても、一生やりません。

人生１００年時代の今、50歳になっても残り50年。その長丁場をどうやって生きていくかが新たな課題です。

しかし、だからといって気負うことはありません。**まずは目の前のことを一生懸命にやることが大切です。**人生が１００年に伸びようと、それが、「今」の積み重ねであるという基本は変わりません。

ですから、どの瞬間も目の前にあることを全力でこなしていくことが大切になってきます。常

に目の前のことに本気を出して取り組む、それ以外に本気の出しようはありません。

一生懸命やっていれば、必ず誰かが見ていてくれます。人は人との関わりの中で生きています。本気で粛々と自分の役割をこなしている人が、黙殺されることはありません。

そして、その一生懸命さは、**人生を楽しむこと、人生をおもしろく生きることにもつながっていきます**。どんなことでも、手を抜いて中途半端にやっていたら、楽しさもおもしろさも達成感も、何一つ充実した体験はできません。

一生懸命やるからこそ、楽しさ、おもしろさが実感できるのです。

我慢を卒業して好きなことをしよう。ただし責任を持って

50代は我慢強い人が多いです。しかし、その我慢強さは美徳ではありません。我慢しているようで、じつは他責をしているのです。

心の中では、「悪いのは◯◯（部下や上司、家族、友人）で私じゃない。私だけが我慢をすればこの場はおさまる。だからじっと我慢をしよう」とか、「本当はやりたいことがあるけど、◯◯（家族やペット）がいるからできない。私が我慢をすればいいだけだ」と思っているのです。

こうやって飲み込んだ我慢は、いつか噴き出してきます。

お酒を飲んで荒れるのは、普段は真面目な人ばかりです。普段から辛口で、思ったことを瞬間湯沸かし器のようにすぐ言える人は、お酒を飲んでも変わりません。普段よい人ほど、飲んだときの変貌ぶりは強烈です。

ですから、**我慢をしないで好きなことをしてください**。

ただし、勘違いしないでほしいのは、好きなことをする代わりに、**そこに責任を持つということ**です。

部下にも上司にもお客様にも家族にも友人にも、言いたいことを言ってください。

当然、自分自身が言ったことに対して、向こうからも何か返事なり行動なりのアクションが返ってきます。ですから自分の発言に対して自分で責任を持ち、そのアクションに対しても、きちんと誠意を持って対応すること。

我慢してしまったほうが、責任を持たないのである意味ラクかもしれませんが、自分に責任を持つことは、楽しい人生を送る第一歩でもあるのです。

楽しい人生にするには、結果にこだわるよりも体験を増やすこと

ここで、楽しい人生にするコツを一つお教えしましょう。

それは、**「結果にこだわらない」こと**です。結果にこだわると楽しくなくなります。

物事には、結果が出るものと出ないものがあります。結果が出ないものは半々どころか、ほぼ9割です。

例えば家庭菜園を始めようと思って、ベランダのプランターに野菜の種を植えたとします。これまで全く植物を育てたことのない人が種を植えて、毎日水やりをしたり害虫を駆除しながら、農家の人が作るような立派な野菜を収穫できる（＝結果が出る）ことは、まずありません。「なかなか芽が出てこない」と文句を言うでしょう。

では、結果にこだわらなくなるには、どうすればよいでしょうか？　それは**体験量を増やすこと**です。体験量が多い人は「結果ってあまり関係ないんだよね」と結果にこだわらなくなります。

そして結果を待つより、次の体験をします。

家庭菜園の話で言えば、数種類の野菜を植えている人と、一つの野菜だけを植えている人の違いです。

1種類の野菜しか植えていないと、1種類の成長をじーっと毎日見て、芽が出ない、花が咲かない、実がならないと文句ばかりですが、常に複数の野菜を世話している人は、「気づいたらここからも、あそこからも芽が出ている」と楽しむことができるのです。

「○○をする→結果を得る」というのは、期待して当然のことではありますが、**実際は結果が出ないほうが当たり前**。「下手な鉄砲も数打ちゃ当たる」方式で、鉄砲を打つこと自体を楽しみましょう。

新しい体験をしたいなら、若い世代に関心を持とう

僕の周りで、「40代まではそうでもなかったのに、50歳を過ぎたら若い世代と話が合わなくなった」「日常生活や言葉遣いに、大きな隔たりを感じるようになった」「お笑い番組を見ていても、若い芸人さんのおもしろさがちっとも分からない」という人は多いです。

特にデジタルネイティブのZ世代（1990年代後半から2010年代前半生まれ）とのジェネレーションギャップは大きく、それが戸惑いとなって、若い世代との交流を億劫に感じたり、遠ざけてしまうこともあります。

しかし、**子どもや孫の世代に関心を持ってみると、刺激的でおもしろい発見にたくさん出会えます**。まさに新しい体験ばかりです。映画や音楽など、若い人の間で流行している文化の中にも豊かで美しいものがたくさんあります。世代が違う（＝自分と感覚が違う）というだけで拒んでしまうのはもったいないことです。

「どこがいいのか分からない」ではなく、「どうしてこれが若者たちにウケているのだろう？」という視点を持ち、若者の流行や文化にどんどん首を突っ込んで、おもしろそうなもの探しをするのも、**若さを保つ秘訣**です。

ジェネレーションギャップを恐れず、積極的に楽しんでください。

楽しい人生に一番必要なのは、頭を若く保つこと

「やわらか頭、してますか」というCMのキャッチコピーが昔、流行りました。人生を楽しむために必要なものはいろいろありますが、**土台になるのは頭を若く保つこと**です。そして、頭が若いというのは、こだわりや思い込みがなく、何に対しても柔軟に考えられる、まさに「やわらか頭」を持つということです。

年を重ねていくと、経験も知識も蓄積されていきます。しかし、それが手かせ足かせになることもあります。自分の経験から「こうでなければいけない」とこだわったり、自分の知識からすれば「こうあるはずだ」と思い込んだりするからです。

年齢とともに頑固になる人がいますが、それは**自分のこだわりや思い込みを捨てることができない**からです。朝令暮改というと、言うことがコロコロ変わるマイナスのイメージですが、そのくらいのやわらか頭がちょうどよいです。

もちろん、「こだわり」は悪いことではありません。こだわることで知識欲が掻き立てられるこ

ともあります。そして旺盛な知識欲は生きる活力になります。

しかしその「こだわり」は、本当に大切な「こだわり」なのか、ちょっと考えてみてください。

面倒くさい、しんどい、馬鹿らしい「こだわり」であれば、今すぐ捨てましょう。こだわりをとっぱらい、「やわらか頭」を手に入れることで、人生がすごくラクに楽しく生きられるようになります。

一人で楽しめることを増やし、「孤独時間」を充実させよう

老後の三大課題は、「貧困」「病気」「孤独」です。その中でももっとも多くの人にとって一番の課題となるのが「孤独」ではないでしょうか。未婚率や離婚率が高い今、老後を一人で迎える人は増えています。

結婚して伴侶や子どもがいたとしても、60歳の定年、もしくは再雇用でそれ以上の年齢まで働いた上で仕事を辞めた場合は、家族といっても子どもたちは成人して巣立っていることも多いでしょう。

夫婦二人きり、そしてどちらかが旅立ち、いずれ孤独が訪れます。

中には人間関係のわずらわしさが苦手で、「定年後は一人でゆっくりしたい」と思う人もいます。しかし、人生100年時代の定年後は長いです。10年、20年のスパンとなると今はわずらわしいと思っている人間関係も、失ってみれば「あのときはにぎやかでよかった」と振り返る人も多くいます。

コミュニティに参加することで「孤独でない時間」を作ることも重要ですが、複数のコミュニティに入っていても一人のスキマ時間は生まれます。

そこで50代からは、ぜひ**「孤独を楽しむ習慣」を身に付けてください**。

「一人時間」を楽しむためには、「一人の趣味を増やす」という方法がおすすめです。「ソロ活」という言葉もありますが、一人旅、サウナやカフェめぐり、一人焼き肉など「孤独な自分に慣れておく」こともおすすめです。

さらに、ソロ活のとっておきの裏技は、**妄想を楽しむこと**です。子どものときは妄想の世界で何時間でも遊んでいられたはずです。あのときのように「もしも自分が億万長者だったら」と、楽しい空想をするのもよいでしょう。

50代からは「品格」がものを言う。相手のことを考えて発言する

ソロ活も大切ですが、人生の質は自分一人では高めることはできません。

人生で得られる喜びや幸せは、その大半が他者とつながったときに浮かび上がるものです。人は、一人では生きていけません。人とつながりながら日々満足感を得ています。

人とつながり、関係をよくしていくためには、**みなさん自身も魅力を高めていかなければなりません**。

50代になって、もう一段上質な人生を送るためには、品格を磨くことが必要不可欠です。「品格を磨く」と言っても、どうすればいいの？という人は、まず品格が磨かれている人の絶対条件である**「感じがよいこと」を満たすようにしましょう**。

品格のある人は、他人に対して不快な思いをさせません。

感じをよくするためには、まずは相手の立場でものを考えること。相手の話を受け止めること。もし、自分が主張しなければならないときには、相手に愛情を持って接することが大事です。ただ単に自分の意見を押し付けたり、相手を否定したり拒否するのではなく、相手の意見を認めた上で、相手があなたとの関係に価値を感じられたり、接することで成長を感じられる内容になるよう意識をしましょう。

自分の運命を受け入れた上で運命を変え、幸せを手に入れる

「40代までに管理職になりたい」「マイホームが欲しい」。こうした夢や目標に向かってガムシャラに働く人は多いです。

しかし目標を定めても、できることには限度があります。出自や能力、容姿がそうですし、人との出会いについても同じです。僕たちは、仕事や人生で関わる相手を選べるとは限りません。生きていれば、不本意な思いや理不尽なことを強いられることもあります。

そんな逆境に立ったとき、人は不遇を周りのせいにしがちです。でも、不満を言ったり、現状に背を向けたりしても、何の解決にもなりません。欲しいものが手に入らなければ入らないなり

に、僕たちはそれを天からの授かりものとして受け入れるしかありません。

では、そこでその状況を諦めないといけないのでしょうか？　そんなことはありません。どんな運命であっても、その中で**最善を尽くすことで運命を変えることができます**。

それには**主体性を持ち、目標をしっかり持って、優先順位をつけて行動すること**です。自分の条件を不運だと嘆くのではなく、その条件で何ができるかを考え、行動に移してください。

コロナ禍で、多くの企業が逆境に立たされました。しかし、その中でも業績を伸ばした企業もたくさんあります。一番の苦境とも言える旅行業界では、「ワーケーション」という言葉を生み出し、ホテルや旅館に滞在しながらリモートワークができるパッケージを売り出しました。

個人でも同じです。リモートワークで浮いた通勤時間を資格勉強や筋トレなどに費やして、資格取得やダイエットに成功したり、「おうちキャンプ」と、家の中にテントをはって旅行気分を味わって楽しんだり、どんな環境にあったとしても、いくらでも楽しみを見つけることができます。

このように、**努力を重ねることで、人は成長し、そこで自分らしい幸せの形や身の丈に合った生き方を得ることができます**。

「器」は一つだけではない。どの「器」を大きくするか？

よく「あの人は器が大きい」とか「上に立てる器だ」と言うことがあります。「器」とは、その人の器量、つまりは能力や人徳を表すものですが、人はそれぞれある程度の器を持って生まれてきます。

例えば、大企業を作るような人もいれば、研究者となってアカデミックな世界で活躍する人もいます。また、社会的に成功する人もいれば、失敗する人もいます。他にもモテる人もいればモテない人もいますし、正直な人もいれば、不誠実な人もいます。どんな人にも「人としての器」があり、その器に応じて人生は決まっていきます。

そして**「器」の種類は一つではありません**。器には、「お金の器」「豊かさの器」「仕事の器」「人間関係の器」「愛情の器」「恋愛の器」など、あげたらキリがないほど、いろいろな「器」があると思います。

さらに、器の大きさも種類によって、それぞれ違ってきます。例えば、お金の器は大きくても、人間関係や愛情の器は小さいという人もいます。

この「器」は、ある程度生まれ持ったものですが、じつは器を大きくすることもできます。自分に課してきたさまざまな**リミッターを外すことで、器＝受け入れる力を広げることができるのです**。

そこで今、あなたは「お金の器」「人間関係の器」「才能の器」など、どの器を大きくしたいのかを考えてみてください。それによって生き方も違ってきます。今までは「豊かさの器」を大きくしたいと思っていたけれど、この先は「友情の器」を大きくしたくなるかもしれません。

50年以上生きてきたからこそ、これからの自分に、どんな器が大切なのかが分かってきたと思います。みなさんは、これからどの器を大きくしたいですか？

三つの魔法の言葉で、たいていの困難は乗り越えられる

人間、生きていれば何度となく困難に直面します。それをどう乗り越えていくのかが、人生を

おもしろくするには避けて通れない課題です。

人生の壁にぶつかったとき、とっておきの**魔法の言葉**があります。それが、**「まぁ、いいか」「それがどうした」「人それぞれ」**の三つです。これは、『課長島耕作』シリーズで有名な漫画家、弘兼憲史さんが大事にしている三つの魔法の言葉です。

一つ目の「まぁ、いいか」は諦観、諦めです。人が思い悩むのは、多くは自分がしたことが思い通りの結果に結びつかなかったときです。仕事だったら労多くして功なしに終わったり、人間関係なら信頼していた人に裏切られたりといったケースです。

しかし、いったん結果が出てしまったことはくつがえせないですし、やり直しもきかないです。クヨクヨして落ち込むのは時間のムダです。「まぁ、いいか」と現実を受け入れて、次の一歩を踏み出しましょう。

「まぁ、いいか」でほとんどのことは乗り越えられますが、それでもモヤモヤが残るときには、二つ目の「それがどうした」の出番です。ある種の開き直りですが、時には開き直りも必要です。

三つ目の「人それぞれ」は、他人と比較しそうになる自分をいましめる言葉です。比較する愚かしさは分かっていても、ふと比較しそうになる自分に気づくことがあります。

そういうときには「人それぞれ」と言い聞かせてください。人と比べるから幸せになれないとお伝えしましたが、人と比べなければ人生はどんどんシンプルになり、自分らしく生きられます。

「まぁ、いいか」「それがどうした」「人それぞれ」の三点セットは、人生楽しく、おもしろく生きる上での知恵です。

ただし、注意しないといけないのは、他人様への義理です。義理を欠いての「まぁ、いいか」や「それがどうした」は、いけません。義理の前では封印です。

残された時間は誰にも分からない。クヨクヨせずに、楽しく生きる

人は、自分の死に対して案外無頓着です。いつも通りの生活を送っている間は、自分がいつ死ぬかといったことは、あまり考えたりしません。

がんなど死亡率の高い重篤な病にかかって余命宣告でもされたら、死の影が迫ってくるのを感じるでしょうが、自分にどれくらいの時間が残されているかは、誰にも分かりません。明日、交

通事故に遭わないとも限りません。

そして、いつ死ぬかが分からないからこそ、**今、その瞬間をできる限り楽しく生きましょう**。

生きていれば心配も悩みもいろいろあります。しかし心配事や悩みのほとんどは、どうでもいいことか、どうしようもないことです。

自分の健康を心配しても、健康状態がよくなるわけではないですし、実際に健康を害したときに、医者にかかるなど適切な対応を取ればよいだけです。老後の生活の悩みなど、それに対して備えることは必要ですが、いくら思い悩んでもどうすることもできません。

どうでもいいこと、どうしようもないことは考えずに放っておいてください。今を楽しむことに全力を傾けましょう。

世の中に、自分が生きた証として何が残せるか考える

人生をおもしろく生きるのも大切ですが、もう一つ、大切なことがあります。

「虎は死して皮を留め人は死して名を残す」という言葉がありますが、**みなさんがこの世を去るとき何を残せるか、ということです**。この世界に残すものは、みなさんがこの世に生きた証です。

例えばビルを建てたら、自分が死んでもビルはこの世界に残ります。

「自分には、そんなものは何もない」と思う人も多いですが、この世界に残すものとして「子ども」や「会社」、さらには「人材」を残すということもあります。仕事を通じてあなたが育てた人たちが、次の時代を作っていきます。それもまた、みなさんが生きた証です。

「この世界に自分が生きた証を残す」ことを意識すると、今からできることがたくさんあります。

社会人になってから40代くらいまでは、それこそ「あっという間だった」人がほとんどだと思います。仕事を覚えたり、プロジェクトに加わったりして、成功したり落ち込んだり、結婚した人は、子どもが生まれたり。

50代になった今、仕事にも慣れ、子どものいる人は子どもも大きくなって、ようやく自分に向き合える時間が多く持てるようになります。

人生が後半に入ったタイミングで、自分の人生の意味を、そして「この人生で何を残すのか」「今の自分に何ができるのか」を考えてみてください。生きた証が仕事や家族であるとしたら、そのためにできることは何かを考えて実行してください。

人生を振り返ってみると、あとになって「歴史的なこと」を自分が体験していたこともあります。2019年に始まった新型コロナウイルスの感染拡大、私たちが体験したコロナ禍も、まさに第一次世界大戦中の1918年に始まったスペイン風邪のように、50年後、100年後に、歴史として語られることになるでしょう。

「歴史」とは、自分と関係ないところにあるのではなく、**自分もまた、その歴史の一部であること**を自覚してください。僕たちは、歴史を生きています。

今日のことが歴史になっていくことを意識して生きることが、自分の生きた証を残すことにもつながるのです。

第2章

仕事編

仕事こそ自分がワクワクする最高の「遊び」である

では具体的に、「ワクワクすること」というのは、どんなものでしょうか?

僕は、**仕事こそ一番夢中になれる最高の遊び**だと思っています。これまで、仕事は生活の糧を得るためと割り切って、つらいことがあっても我慢し続けてきた方も多いのではないでしょうか。

仕事には、目的によって三つの種類があります。

一つ目は「ライスワーク」。ライス、ご飯を食べるため、生活のためにする仕事です。

二つ目は「ライクワーク」。好きなことで、心の充足を得るための仕事です。

三つ目は「ライフワーク」。やりがいや、使命感を持って追求していく仕事です。

50歳からの仕事は、**「お金になるからやる、お金にならないならやらない」という、「お金」を価値基準において選ぶと失敗します**。

なぜなら、お金にならなければやらないと思う仕事は、やりたいことではないからです。本当にやりたいことなら、お金にならなくてもやりたいはずです。例えば、「農業をしたい」と思うなら、仕事（＝収入）にならなくても、週末農業や家庭菜園から始められるはずですよね。

これまで「ライスワーク」をしていた人は、50代が「ライクワーク」や「ライフワーク」にシフトしていく最後のチャンスです。


人生の折り返し地点を過ぎた50歳からは、「自分優先」で生きたほうが、60代、70代になって振り返ったとき、後悔の少ない人生になるはずです。

「自分優先」というのは、自分勝手に生きることではありません。会社や家族の一員としてではなく、自分という「個人」として世の中で何ができるかを見つけていくことです。

社会的な地位が高くなることでもなく、多くのお金を稼ぐことでもなく、**仕事を遊ぶようにおもしろがって、気負わず、ムリせず、伸び伸びと、自分の可能性を伸ばしていく生き方こそ、50代の理想の姿**ではないでしょうか。

「得ること」よりも、「与えること」を中心に考える

50代になれば、会社の組織や縁故などに囚われることなく、自由に仕事や人間関係を選択する、つまり**自分優先で生きること**ができます。

そういった環境の中で、やりたいことを追求していくには、三つの条件があります。

一つ目は自分の「やりたいこと」「やれること」が分かっていること。

二つ目は自分に力をつけて、「求められる人」「喜ばれる人」であり続けること。

三つ目は「貢献できる人」「支え合える人たち」と、自分がつながっていること。


そもそも、やりたいことや、やれることが分かっていなければ、それらを追求することはできませんし、やりたいことがあったとしても、それが世間から求められたり、喜ばれたりしなければ、対価、収入には結びつきません。

さらに、やりたいことをし続けるためには協力者、応援者も必要です。


とはいえ、最初から「好きなこと」と「収入」を同時に満たすのはムリがあります。

そこでおすすめしたいのが、「自分の好き」よりも、「人の役に立てること」から仕事を考えていくことです。

自分の能力を使って人の役に立つことが、自分のやりがいとなり、結果的に「自分のやりたいこと」になるなら、働く意味も満たされます。

「自分の好き」も大切ですが、50代からは「社会に貢献する」ような、**「得ること」よりも「与えること」を中心に考えていくと、自分の人生の意味を見つけることができ、人生の歯車がうまく回り始めます**。

「やりたいこと」「得意なこと」「求められること」の三条件が重なる仕事を

「与えること」を考えられるようになったら、さらに次のステップです。

「やりたいこと」「得意なこと」「求められること」の三条件が重なった仕事こそが、50代の理想となる仕事です。

50歳から仕事で花開く人や、仕事に夢中になって生きている人は、自分の人生を人と比べたり、人と競争したりすることはありません。

自分がワクワクすることを見つけ、ひたすら「自分だけの道」を進んでいます。

そして、50歳から仕事で自分の道を見つけて成功している人には、三つの条件が揃っています。

一つ目は、自分のやりたいことをやっていること。

二つ目は、自分が得意なこと、自分の強みを活かしていること。
三つ目は、社会から求められ、貢献していること。

これら三つの条件は、それぞれ相乗効果があります。
「やりたいことをやっているから、得意なことになる」「得意なことだから、人に求められる」「求められるから、やることで、さらに得意になる」というように、三つが関係し合って、**グルグルと螺旋階段を上るようにどんどん伸びていきます**。

50歳からは、何年もその場で足踏みしている時間はありません。**できるだけ早い段階で、この三つの条件を満たす仕事を見つけましょう。**

逆に言うと、それが一番ムダなく、ラクに成長していける道とも言えるからです。

そして、この三つの条件で特に欠かせないのは、三つ目です。みなさんのことを求めてくれる人がいて、社会とうまく調和してこそ、「自分の道」は切り開かれていくということです。
自分が好きなことを、自分でやっているだけでは、ただの独りよがりです。趣味としてはよいかもしれませんが、仕事としては成り立ちません。

「生活のための仕事」と「好きな仕事」を分けることもなく、自分を伸び伸びと活かそうと思うなら、まずは「自分がどんな人間なのか」を知り、自分の役割を見つけることから始めましょう。

ガムシャラに働くのではなく、仕事の勘所を抑えて定時に帰る

「やりたいこと」をやるには、「やりたいこと」をする時間を作ることが必要です。とはいえ、仕事は山積みでなかなか終わらないという人も多いでしょう。

若いときは丸2日くらい徹夜をしても平気で遊びに行けましたが、50代になると体力的にムリをせず、いかにパフォーマンスを上げるかを考えなければならなくなってきます。体力面では若者にかなわなくても、若い人たちより50代が優れているものがあります。それは、**長年の経験と実践からくる「判断力」**です。

例えば、若いときは「今日できることは今日中に終わらせる」「明日の仕事も片付けてしまえ」という仕事のやり方をしていた人もいるでしょう。

しかし、50代になれば早く終わらせることが必ずしも正しいとは限らないと分かってきます。明

日、状況が変わってムダなやり直しをしないためにも、「今はとりかからない」「とりあえず待つ」という判断もあります。

その時々の状況を捉えながら、仕事の優先順位を臨機応変に変え、今日やるべきこと、明日でもできることの区別をしていきます。そういう判断ができるようになるのが50代であり、成熟したビジネスパーソンだと言えます。

「会社もしくは上司が求めている仕事」を把握し、ムダな仕事をせず、求められている仕事に的確に応えていく仕事術を身に付けたいものです。

このように**仕事の「勘所」を押さえること**で、50代からはスピードも体力も必要とせず仕事を終わらせ、定時に帰る習慣を持つことができるようになります。

年齢を重ねていくと体力勝負の仕事のやり方では心身ともに疲弊します。ガムシャラに仕事をする年代から、うまく「こなしていく」年代へとシフトしていく必要があるのです。

仕事をサボるのではなく、**必要な分量の仕事を終わらせて定時に帰り、食事、睡眠を十分にとって規則正しい生活をしながら健康管理**をし、60代以降を乗り切る習慣を作っていきましょう。

50代以降の仕事は「運ゲー」、力を抜いて頑張らない働き方をする

先にもお伝えしましたが、仕事を続けるにあたって、50代以降のキーワードは**「頑張りすぎない」こと**です。

40代までは、仕事で頑張ればそれなりに報われました。昇進でも、課長クラスぐらいまでは「頑張り」で到達することができます。

ところが50歳を過ぎると、頑張りより「運」の要素が大きく左右するようになります。プレイヤーの熟練度が勝敗に結びつかないゲームを「運ゲー」と言いますが、まさにこれです。

特に部長から上のポストは、ほとんどが運で決まると言ってもよいでしょう。これまで十分に実力を身に付けていたとしても、同期や1年上か下に突出して仕事ができる人物がいたら、部長のポストを持っていかれてしまいます。そうすれば、その人がさらに昇進するとか転職する、または病気などにならない限り、しばらくポストに空きが出ません。

その反対に、出世を諦めていた人が、突然上のポストに欠員ができて、思いがけず昇進する場

合もあります。

出世の道が閉ざされたとき、「オレは今まで、これだけ頑張ってきたのに」と会社や周囲を恨み、すっかり凝り固まってしまう人がいます。あるいは、燃え尽き症候群のようになってしまう人もいます。特に真面目に生きてきた人ほど、世をすねて腐ってしまう傾向が強いようです。

頑張りすぎて燃え尽きたり会社や同僚を恨んだりするくらいなら、上手に手を抜いてひょうひょうと生きるほうがずっと健康的です。

50代は、おそらくほとんどの人が「報われない自分」を意識させられる年代ですから、そういう場合には、上手に考え方をシフトしましょう。むしろ、これからは自分のペースで仕事ができると考えたほうが、肉体的にも精神的にも、ずっとラクに働くことができます。

自分の仕事を充実させるのは自分自身。どこでも「仕事を楽しむ境地」になる

50代は人生の折り返し地点ですが、仕事に関して言えば、重要なポストに就任する時期でもあります。しかし、望まぬ転職や左遷など、ハシゴを外されるような大きな転機が訪れることもあ

ります。

そんなとき、どうすればよいのか？

いわゆる「都落ち」をしたときに、失望して人生がつまらなくなってしまう人がいます。しかし、それはみなさんの実力がなかったのではなく、あくまで「たまたま」、運のせいなのです。

子会社などに左遷されたり、望まぬ会社に転職して職場環境が変わったとしても、よくよく自分の置かれた環境を見回してください。きっと**マイナス面だけでなく、何かプラス面、メリットがあるはず**です。

例えば、小さな会社や工場長のような実質現場のトップであれば、自分で業務のコントロールがしやすくなります。自分が統括する立場として、スケジュールを柔軟に決められるようになります。

その結果、**自分の人生をじっくりと振り返る時間を持つことができる**はずです。これまでの生き方や働き方を切り替えることで、「定年後は○○をやりたい」「○○を後世に残したい」と、考えをまとめる余裕もできてきます。

これは、「仕事をサボれ」と言っているわけではありません。このような転機は、より勘所をつかんで仕事ができるチャンスだとお伝えしたいのです。

そして、与えられた転機を活かすには、日頃から志を持って仕事をする姿勢は欠かせません。仕事に対して目標を持って真摯に取り組み、遊ぶように仕事をし、仕事を楽しむ気持ちを経験すると、働くことに対する自分なりのスタンスが身に付きます。

自分なりのスタンスが身に付けば、どんな状況に対しても自分自身がぶれなくなります。ものを見る力も養われます。そして自分自身の信念に従って、自然体で仕事の舵取りができるようになります。

自分の仕事を充実させるのは自分自身なのです。

自分が間違えることもあると自覚すれば、部下がよく働くようになる

転職したり子会社に異動すると、新しい人間関係や部下ができます。ここで人間関係がうまくいかずに孤立してしまうと、会社員人生の最後が地獄になります。

今の50代は、上司から厳しく育てられた世代です。若いころは、上司の言うことは絶対でした。たとえ白いものでも、上司が黒と言ったら黒という時代です。しかし今は違います。「上司だって、時には間違うよね」という態度で部下たちは接してきます。これは嘆かわしいことではなく、よいことです。なぜなら、**上司も間違えることはある**からです。

仏教用語に「我以外みな師」という言葉があります。読んで字のごとく自分以外はみんな先生であるという意味です。

部下の指摘であっても、間違いを認め正す姿勢が必要です。

また、「部下が使えない」と嘆いている人も多いと思いますが、それは部下を「使おうとしている」から、使えないと感じるのです。**「部下に学ぼう」くらいに構えて、部下に接してみてください。**彼らから学べるものはたくさんあり、学ばなければ損です。こちらが部下から学ぼうとする姿勢をとれば、部下はイヤでもよい働きをしてくれます。

互いに育てられた環境が違うのですから、考え方の変化を歓迎して、有意義な50代を過ごしてください。

数字に残るよりも記憶に残る仕事。感謝される仕事をしよう

50代になって定年が見え始めると、自分ができる仕事もカウントダウンが始まります。3年単位で一つのプロジェクトをしているとすれば、自分が関われるプロジェクトは、あと三つしかありません。

そんなときは、闇雲に突っ走って仕事をするというよりも、**人に本心から喜ばれ、記憶に残り、感謝されるような仕事の仕方を意識することが大切**です。数字などの要素に囚われず、記憶に残る仕事を一つでも多く行っていくことを心がけてみてください。

真面目に仕事を頑張ることは大切ですし、プラスの成果を出していくことも大切です。しかし、「これは自分の中で忘れられない、価値ある仕事となった」というものがなければ、長い時間をかけて仕事をした意味が、会社にとってはあっても、ご自分にとってはありません。

数をこなして仕事を覚えるのは、若いときの仕事のやり方です。50代からは**数を限定し、意味のある仕事をやっていくほうが人生においても価値があるもの**だと思います。

社会人生活も、どんどん残り少なくなっていく年代なのですから、少しぐらい仕事を選り好みしてもよいはずです。

仕事は、多くの人にとって人生で一番長く時間を費やすものです。おそらく、家族やパートナー、友人と接するよりも長い時間を仕事に費やします。

もっと仕事に対して、充実感や幸せ、喜びを感じられるように動いてください。人生を後悔しないためにも、心の動く仕事を選んで行いましょう。

引退の時期を考える。ただし引退はゴールではなくスタート

50代になると、漠然と仕事のカウントダウンが始まりますが、そうなると「いつまで仕事を続けられるか」という不安が現実味を帯びてきます。会社員であれば、60歳、65歳で定年を迎える人も多いでしょう。

自営業やフリーランスの人に定年はありませんが、もし体力の低下などにより仕事のクオリティが下がった場合などは、クライアントやお客様からの注文が続かなくなることも。そうなれば、

その時点で閉店や閉業をしなければならなくなる可能性もあります。つまりどんな働き方をしていても、**近い将来今の仕事がなくなることはあり得る**のです。しかしここで「あと数年か」と悲観しても、何も始まりません。

引退はゴールではありません。スタートです。「自分はあと何年で会社を辞めて独り立ちしていけるか」を考えてください。

また、それと同時に**家族との関係も見直してください**。現役時代は、少なくとも職場に居場所がありますが、引退後はそれがなくなります。家が居場所となるわけですが、もし家族に「引退してもいいけど、家にはいないでほしい」と言われたら、「自分の居場所はどこにもない」ということになりかねません。

引退後に何をするか？　引退してから考えるのではなく、引退と同時にスタートができるよう、50代になったら、引退後に自分が何をするかを考え始めるとよいでしょう。

自分だけにできるスキルを構築し、仕事で求められる人になる

引退後も仕事を続けていくためには、「その仕事ができる」というだけでなく、**「ニーズがある」、求めてくれる人がいることが必須**です。これは、先にお伝えした50代の仕事の考え方と同じです。このニーズを探ることができれば、再就職をするにしても、フリーランスで働くにしても、一生、仕事に困ることはありません。

つまり、**「あなただから、お願いしたい」と言われる存在になること**です。何も飛び抜けたスキルがなくても、「希少な人材」になることは可能です。大事なのは、何となくみんなと同じことをやろうとするのではなく、「自分はココが違う」という意識を持つことです。

では、どうやって人と差別化をしていくのか。

一つ目は、自分の強みを掛け合わせることです。軸となるスキルに、人が喜んでくれるオプションを加えていきます。

二つ目は、誰もやっていないことをすることです。ニーズがあるけれども、まだ人がやっていないことをするのです。

三つ目は、専門性を部分的に深めていくことです。専門的な仕事の中でも、さらに専門を作って、ニッチな分野を極めていきます。

四つ目は、時代性を意識することです。あえて時代に合わないことをしたり、古いものを現代的な方法で伝えたりして価値を高めるのも一つの方法です。

これらに「自分にできること」を掛け合わせると、「自分にしかできないスキル」になります。そして「自分にしかできない」ものがあると、人は強く元気にもなれます。

「会社人間」の終活、自分がやってきたことを形に残す

現在進行形や、引退後のことを考えて自分のスキルを磨くことも重要ですが、50代がやるべきもっとも大切な仕事の一つは、**自分のやってきたことを形に残すこと**です。

「何も残すことがない」と言うかもしれませんが、僕のおすすめは、例えば「トラブル対策マニュアル」の作成といったことです。

「こういった進行や案件はトラブルになりがち」という長年の仕事の勘のようなものを文章化してみるのです。対処法や未然に防ぐノウハウが詰め込まれた「トラブル対策マニュアル」ならば、後進も喜んで活用するでしょう。

書くことが難しい場合は、動画でもかまいません。自分の考えを後世に残してみましょう。口では直接伝えにくいことでも動画になるとハードルが下がります。

ただし、マニュアル化するときは自慢話を控えてください。

ここで注意したいのは、**きちんとしたマニュアルを作ろうと気負わないこと**です。気負いすぎると、文章や表現の形など見た目ばかりにこだわってしまい、なかなか完成に至りません。まずはこれまでの自分の知識を体系化することに重きを置いて、作成にとりかかってみましょう。すると、自分の日々の仕事のモチベーションアップにもつながり、会社にもプラスになります。

終活と言うと、処分することばかりに意識がいってしまいますが、「会社人間」としての終活は、自分がやってきたことを、いかに形として次の世代に残すかということではないでしょうか。

転職、起業で成功できる50代はごく一部だということを認識する

「会社人間」としての終活を考えたとき、このまま「会社人間」として仕事人生を終わらせてよいのだろうか、転職したり起業したりしてもう一花咲かせたい、と思う人も多いでしょう。

東京商工リサーチの調べによると、2019年1月~9月の希望退職・早期退職を募集した上場企業は27社ですが、2021年に希望退職を募った上場企業は84社。特にアラフィフをターゲットにしたリストラ、「フィフトラ」が増えています。

これに加えて、常に早期退職を選択できる「選択定年制」という人事制度を導入する企業も増えています。早期退職者には退職金が割り増しされるなど、一定の優遇制度が設けられています。

「仕事のプレッシャーもきついし、定年後も働き続けるには早めにセカンドキャリアを築いたほうがよい。退職金が割り増しされるんだったら、思いきって早期退職してしまうのもいいかな」と考える人もいるでしょう。

人生の選択は人それぞれなので一概には言えませんが、今の時代、50代のビジネスパーソンであれば、**早期退職ではなく定年まで会社に居続けることを優先すべき**だと考えます。50歳なら定年まであと10年、55歳ならあと5年。ここを辞めずに我慢することのメリットはとても大きいはずです。

年収がぐんと上がるようなハイクラスでのヘッドハンティングや、すでに副業で起業準備をしている人は別として、50代の会社員が次の仕事の見込みもなく早期退職したとしても、さほど未来は明るくありません。いざ辞めてみると、なかなか次の職は見つからないものです。

ずっと家にいるわけにもいかないので出かけたりするものの、ついギャンブルや飲食で浪費してしまうなど、ロクなことになりません。

毎日きちんと通勤して働くということは、実はお金を稼ぐと同時に、ムダにお金を使うことを防ぐという意味合いもあるのです。

毎月安定した収入が得られるというのは、ビジネスパーソンなら当たり前に感じられるかもしれませんが、とてもありがたいことなのです。

イヤな上司がいるとか、仕事がつまらないとか、会社から評価されていないといった程度の理由なら、決して自分から辞めないことです。まして、退職金の割増金額に誘惑されて衝動的に辞めるのは非常に危険です。

周囲の人が転職（や起業）で成功したからといって、みなさんが成功できる保証はありません。成功できる人は、ごくごく一部。きちんと計算や準備をし、みなさんの見えないところで死に物狂いの努力をしてきた人なのです。

退職後、第二の人生の収入源が得られる仕事を考える

これからの時代、退職金や年金だけで悠々自適という生活は望めません。転職や起業で大儲けを狙うのではなく、体が元気なうちは何らかの仕事をして、**数万円の小遣い程度でもよいので、稼ぎ続ける必要があります**。

では、どんな仕事をすればよいか？

おすすめは、まずは**成功事例に学ぶ**ことです。退職して第二の〝仕事人生〟で成功している先輩を訪ね、いろいろ話を聞いてみてください。または、本や雑誌、ネットなどで成功例を調べたり、興味のある分野の勉強会やセミナーに顔を出したりしてもよいでしょう。

50代でいきなり転職や起業するのが難しいように、定年を迎えてから新たな収入源確保を考えるのでは遅すぎます。できれば退職する10年前の50代から準備しておくべきです。早々と仕事から引退したり、NPOなどボランティア活動に専念したいと考えている場合は、かなりの経済的ゆとりがないと実現困難です。

新たな収入源は、**それまでやってきた仕事の延長線上で考えるとよい**でしょう。専門職のほうが仕事にしやすいですが、営業のような職種でも準備次第では仕事として成立させることが可能です。

また、人によっては趣味が高じて、それまでとは全く違う仕事を収入源にできる人もいます。とはいえ、いきなり趣味を仕事にできるわけではなく、50代から時間を確保して、腕を磨く準備期間が必要です。

試練が訪れたら、自分自身に与えられたチャンスと受け止めよう

50代になったら、定年退職するまで会社に残り続けるのがおすすめですが、「リストラされたらどうしよう」という心配もあります。今後もアラフィフをターゲットとした**「フィフトラ」は増**

えていくことが予想されます。

しかし、リストラを心配するのではなく、まずは冷静にこれまで自分が過ごしてきた道を振り返り、これからの後半戦を展望し、**得意なことは活かし、足りないところは補い、自分が生きる道を見つけましょう**。

若さだけが武器だった人生の前半戦に対し、後半戦はキャリアも技能も社会人としての品性や常識もあります。その上、60代、70代になって振り返ってみれば、**「50代はまだまだ若い」**です。少なくとも、60歳の定年を過ぎてからアクションを起こそうとするよりは、すべてが柔軟に対応できるはずです。

多くのビジネスマンは、50代あるいはそれ以前に転機が訪れます。リストラ、出向、昇給ペースのダウンやストップなど。しかし、その「試練」は「チャンス」と受け止め、あらゆる知恵とキャリアを動員して、これからの人生戦略を練ってください。

ある意味、リストラ宣告をされるよりも怖いのは、この時期に何の試練もなく60歳で定年を迎える人の老後です。仕事がなくなり、収入は年金だけ、友人も誇りもない「ただの孤独な老人」

になってしまう可能性もあります。

そうならないように、50代のうちに何をしたらよいか、人生後半の策略をじっくり考え、それを実行してください。

第3章

人間関係編

幸せを感じられる人には、周りから人が寄ってくる

人は一人では生きていくことができません。

楽しい人生を送るには、人生を一緒に楽しく過ごす仲間の存在が重要です。友人でも、家族でも、仕事仲間でも、人間関係が大切になってきます。

では、どうやって居心地のよい仲間を見つけたり、周囲の人々とよい関係を築いていけるのでしょうか？

それはとても簡単です。まずは**みなさん自身が、幸福感を感じるように生きればよいのです**。みなさんが幸せそうにしていれば、「あの人は幸せそうだよね」と、自然と周りから人が寄ってきます。なぜなら幸せそうな人と一緒にいると、自分も幸せになれそうだからです。

逆に、不幸せそうな感じだったり、幸薄そうな感じの人、恨みっぽい人、悲壮感が漂っているような人からは、自然と人が離れていき、同じような不幸な人がお互いに傷をなめ合うために集まってきます。

「でも、毎日の生活で幸せなことなんて一つもないのに、どうやって幸せを感じればいいの？」と思う人は、童話『青い鳥』を思い出してください。チルチルとミチルの兄妹が、幸せの青い鳥を探しに行きますが、見つからず、結局、家で飼っていた鳥が青い鳥だったというお話です。

幸せは、どこか別の世界にあるわけではなく、自分の身の回りにあるのです。それに気づけるか気づけないかの違いです。

雨上がり、見上げた空に虹がかかっている、それに気がつくだけでも幸せを感じることはできるのです。

よいところばかりを見せようとせず、自分の弱みをさらけ出す

世の中には立派な学歴や、人から一目置かれるような職歴がなければ周囲からの尊敬を得られないとか、欠点や弱みを他人に見せるのは恥ずかしいと思っている人が多いです。

もちろん、人間は皆、人によいところを見せたいものです。

しかし、**仕事ができる本物の人、他人から好かれる人は、自分の実態を隠しません。**バカにさ

れそうなことや、眉をひそめられそうなことも平気でさらけ出します。

イメージダウンにつながる自分の欠点を人前で堂々と話すのは、とても勇気のいることですし、逆に相当自分に自信がなければできないことです。

そもそも、成功をおさめている人だって、完全無欠の人間ではありません。実は多くの欠点を抱えています。

その欠点を乗り越えるために必死に努力し、数々の苦労を重ねてきたからこそ、今の成功があります。それなのに見栄を張って「有名大学を出た」「こんな成功をした」と、光が当たる部分だけをアピールする人は少なくありません。


僕は、立命館大学在学中に公認会計士試験に合格しましたが、高校時代の偏差値35から大学進学を目指し、2浪の末に大学入学を勝ち取りました。

大学入学後は一日18時間の勉強を続けて、公認会計士試験に合格することができました。その後、世界一の規模を誇る会計事務所デロイト・トウシュ・トーマツグループである有限責任監査法人トーマツに勤務しましたが、起業すると決心してからは平日の夜と土日の朝から晩まで、自分の時間はすべて副業に費やし、起業の準備をして独立しました。

これらのエピソードは、僕は過去の自著でもよく語っています。

すると周囲の人は、「金川さんも2浪しているんだ」「偏差値の高い私立大学出身だからお坊ちゃんだと思っていたけどそうではなかったんだ」と親近感を持ってくれ、仕事関係の人や友人もプライベートな話をしてくれるようになりました。

自分の悩みをさらけ出すことで、周囲の人は悩みを話しやすくなります。そうすることで**互いに助け合い、協力し合える関係を築くことができる**ものです。

見栄を張っても周囲の人にはすぐにバレます。自分の弱点をムリに隠さず、自然体で生きてください。そうすれば自然と人が集まってきます。

新しいステージの準備のための人脈は、会社にいるうちに深める

どんな仕事でも、**一人でできる仕事はほとんどありません**。僕がやっている作家という仕事も、一人でやっているように見えます。しかし、編集者、デザイナー、営業、書店員など多くの人が関わっています。

そして、一緒に仕事をする人との相性がよいと、化学反応のように自分でも知らない能力を引

き出してもらえて、**素晴らしい結果が生まれる**ことがあります。

その人を生かすかどうかは、人とのつながり次第です。50歳から幸せに働いている人は、信頼し合える仕事仲間に囲まれています。

次のステージの準備をするときに、信頼し合える仲間に出会えるのか？　やみくもに「人脈」を広げようとする前に、今ある人間関係を大切にしていくことが大事です。SNSでもいくらでも人とつながれる時代ですが、新しい人間関係を求めるよりも、**すでにつながっている人と、質の高い人間関係を築くことが大事**です。

会社や上司が育ててくれた若手時代と違って、50歳からはこれまで社会や組織がやってくれた「学ぶ」「助言する」「仕事を与える」「評価する」といった役割の人を、自分で見つけていく必要があります。

そして、これらの役割を担ってくれるような深い関係は、仕事や日常生活を通じてできていくものです。だからこそ、会社の人間関係を使えるうちから、次のステージの準備を意識しながら「人脈」を深めていきましょう。

人生の質を高める50代、依存してくる人とは距離を取る

「人脈」は、広めるよりも深めることが大切です。

50代になったら、価値観の合う人を厳選して付き合ってください。浅くではなく、深い人間関係を持つことです。浅い付き合いは、うわべだけの関係なので、一見ストレスがかかりにくいように思えますが、違います。

なぜなら表面的な学びや、軽い刺激しか与えてくれない人とコミュニケーションをとっても充実感が低く、逆にストレスになるからです。

50代という人生の質を高めなければならない時期に、**付き合っても何も自分の中に残らないような人間関係は不要**です。そういう人間関係は整理するようにしましょう。例えば、他人に何かを求めるだけの人、依存してくる人は、こちらが疲弊するだけです。

人と深く付き合うためには、求めることよりも、互いを気づかいながら、配慮し合うことが大切です。

互いに依存せず、互いの持っている価値を共有しながら、自分を高められる人としっかり付き合うことに時間を使いましょう。心理的負担のない人とは、よい時間を過ごすことができます。

自分を高められる人とコミュニケーションを取ったあとは、充実感が自分の中に残ります。濃密な時間を過ごし、頭は少し疲れるかもしれませんが、これが心地よい疲れとなってストレスも消してくれます。

惰性で人間関係を続けるのではなく、今一度ご自分の人間関係を整理して、付き合う人を厳選しましょう。

「○○してくれるのが当然」ではなく、感謝の気持ちを忘れずに

年々、「熟年離婚」が増えています。離婚はしていなくても家庭内別居をしていたり、夫婦仲がうまくいかないと訴える50代は多いです。

その原因は、何でしょうか?

パートナーと長く一緒にいると、お互いどうしても相手が「いて当たり前」「何かしてくれて当

たり前」といった空気のような存在になります。そして**相手に対する感謝の気持ちが薄らいでいきます**。

例えば、「あなた、ちょっとゴミを出しておいて」という言葉の中には、「ゴミ出しをするのが当然」という気持ちがあります。また、「このシャツ、クリーニングに出しておいて」という言葉の中には、「出してくれるのが当然」という気持ちがあります。

男女ともに、このような態度になっていれば、相手をムッとさせます。これは夫婦間に限らず、親子間、会社の部下、親しい友人との間でも同じことです。互いの関係が親しくなるほど、「○○してくれて当然」の意識が出てきます。

親しき仲にも礼儀あり。

50代ならまだ取り返しがききます。夫婦間、親子間、職場間、友人間の「ありがとう」を復活させてください。

人間関係が良好になるかどうかは、「ありがとうの数」で決まります。

家事労働を経験し、家の中に自分の居場所を作る

会社にいれば、それなりのステータスを与えられ、でんと構えていられたのに、その肩書きを外されたとたん、家の中では「身の置き場もない哀れな存在」になってしまう人は多いです。これは、特にホワイトカラーに目立つ現象で、それが分かっているから、日本の特に「夫」はできるだけ長く現役でいたがります。

しかし、高給取りで仕事ができない中途半端なホワイトカラーは、真っ先にリストラ対象になりますし、リストラされたら帰るところは家しかありません。こんな人にとっては、50代はおもしろいどころか、苦しみの始まりです。

そこで提案をしたいのが、**「思い切って家事に精を出してみる」**ことです。これは、いろいろな意味で有意義です。

朝起きてから布団をたたみ、朝食の支度をし、後片付け、掃除、洗濯、昼食の支度、後片付け、夕飯の買い物、洗濯物の取り込み、夕食の支度、後片付け、洗濯物をたたんでしまう、アイロン

がけ、風呂掃除、就寝の支度と、まずは土日、一日だけでよいので妻が一手に引き受けてきた家事労働を一通り経験してみてください。

この家事の経験には、四つのメリットがあります。
一つ目、運動不足の解消。
二つ目、妻が家事から解放されラクになる。
三つ目、妻の気持ちが少しは分かるようになる。
四つ目、家事労働は変化に富んでいて、おもしろい部分があるのが分かる。

家事を実際に自分でやってみることで家事の大変さが分かります。感謝の気持ち「ありがとう」も生まれます。家族とのコミュニケーションも取れて自分の居場所ができるようになります。

職場同様に、家の中でも自分の存在価値を見出す努力をしてください。

50代からは、「仕事」よりも「家庭生活」を優先にシフトする

「あなたは家族が大事ですか」と聞かれると、たいていの人は「もちろん大事です」と自信を持

って答えます。しかし「その気持ちを、きちんと行動で示していますか」と問われると、言葉に詰まってしまう人が多いのではないでしょうか。

いくら頭の中で「大事」だと思っていても、行動で示さなければ相手には伝わりません。もしかしたら、みなさんは家族に「この人は家族なんかどうでもよいのだ」と思われているかもしれません。

仕事やパートを精いっぱい頑張り、家族を養ったり、家計の助けをしたり、それはそれで素晴らしいことです。

しかし、いくら仕事やパートを頑張っていても、いつかは終わりがやってきます。特に会社員など組織で働いている場合は、どこかで区切りが来ます。するとどうしても家で過ごす時間が増えていきます。そのとき、何年間も仕事ばかりで家族をおろそかにしていた場合、絆を取り戻そうと頑張っても挽回できない恐れがあります。

しかし、50代ならまだ間に合います。

みなさんが本心から家族を大事に思っているなら、今すぐに態度で示してください。家事を手伝う、何かをしてもらったら「ありがとう」と言う、家族の記念日にちょっとしたプレゼントをする、何か料理を作って家族にふるまう、どんなことでもかまいません。

人生において何が一番重要なのか優先順位を考え、その**順位に沿って時間配分すること**が大切です。これまで例えば仕事が6、趣味が3、家族が1だとしたら、仕事や趣味に注ぐ労力の半分でもいいからその時間を家族に注いでください。

定年に向けて家族の配分を徐々に増やし、家族最優先にシフトするのです。

50代、人生の折り返し地点が過ぎ、残り時間も限られてきます。30代、40代は仕事に集中し、成績を上げ、競争に勝ち残ることに費やす時間が多かったはずです。社内の人間関係も大事だし、社外の人脈も広げていかないといけませんでした。

しかし50代になると、自分の能力や適性、組織や会社の限界が分かってきます。仕事に投入していた**エネルギーや時間を、家族や友人などとのプライベートな人間関係、個人的に興味のある分野へと次第にシフトしていく**のが50代からの生き方です。

その時々の重要度をよく考えて自分の生き方を決めることが、人生のハッピーエンドを迎える秘訣なのです。

家族やパートナーだけでなく、「心の家族」の存在も大切に

家族やパートナーとの関係には、誕生、成長、そして解散のプロセスがあります。一人と一人の個が出会い、「家族」になります。ユニットを組んだ二人は、互いの親や兄弟、二人の間に子どもが生まれたりして家族や親戚が増え、人間としても成長し、そして子どもの独立、離婚、死別などで解散していきます。

50代は子どもの独立、親との死別など、**家族の解散を経験する年代**です。そういうときは、時の流れに抵抗せず、一緒にいられたときの思い出をかみしめてください。そして今、一緒にいる家族との貴重な時間を大切にしてください。

また、今は全国的に単身世帯が増えています。そこでこれからは、血はつながっていなくても友人や知人と家族のような関係、つまり**「心の家族」とも言える人間関係が増える**と思います。「心の家族」とは、血はつながっていなくても、自分が「この人は家族だ」と思える人との関係のことです。性別も異性とは限らず、同性の場合もあるでしょうし、年代も自分と同世代とは限

りません。

例えば、最初は「仕事上の付き合い」として知り合った人がいたとします。付き合っていくにつれ、その人の存在やその人との関係が、自分にとって大きく深くなっていきます。別に本当の家族のように一緒に暮らしたりするわけではないですが、互いに気にかけていて定期的に会ったり、連絡を取るというような関係、そしていざというときにはすべてを任せられるような関係、それがこれからさらに多くなるであろう「心の家族」のあり方です。

そういった関係は仕事に限らず、同級生や何か趣味のサークルのような場所でも発生し得ます。最初の出会いのきっかけが何であれ、血はつながっていないけれど、自分の人生にとってかけがえのない存在、これからはそういった関係が「心の家族」として、その人の人生にとってとても重要な存在になっていくと思います。

そしてこういった関係は、20代ではなかなか築けません。

家族やパートナーでなくても、そうした「心の家族」と言える人との人間関係を広げていくことは、幸せにつながります。

これまでの人生、血のつながった家族との関係に恵まれず、毒親や毒家族でつらい思いをしたり、家族と音信不通、さらにもう近しい親族がいないという人もいるでしょう。「自分には家族なんかいない」と思っているかもしれませんが、**「心の家族」は、いつでも新しく作ることができる**のです。

「心の家族」も「血縁的な家族」もどちらも家族です。血のつながりは関係なく、気持ちがつながっている人たちがいることが大事です。それが生きる喜びになるのです。

家族やパートナーを「大切にすること」と「拘束すること」は違う

50代の夫婦の間に起こる問題の一つとして熟年離婚があります。

特に多いのが、これまで仕事一辺倒で、家庭の諸事万端を妻に丸投げしてきた夫が突然妻に見放されるパターンです。

いっぽう、妻はと言うと、今まで我慢し続けていたのも夫が給料を運搬してきたからこそ。金の切れ目が縁の切れ目です。そこからいざ熟年離婚を回避しようと、「家族を大事」にする作戦に出たとしても、方向性を間違えば妻は確実に離婚へのカウントダウンに進みます。

まず、夫の生活リズムはリタイア後に大きく変わりますが、妻のリズムにはそう変化はありません。夫は、まずは妻のリズムに配慮することが必要です。

「夫婦は一心同体」は、全くの幻想に過ぎません。妻は別人格であり、別の世界を持って生きていることを知ってください。妻にも妻の人間関係があります。まずは妻の世界を尊重し、ずけずけと立ち入ることはしない。これを肝に銘じておく必要があります。

よく定年後、妻が出かけようとすると、夫も必ずついていく「濡れ落ち葉」や「ワシも族」がいますが、それこそ熟年離婚まっしぐら。

晩年の男性は、まず「自立」することから始めましょう。料理、洗濯、掃除程度は自分で何とかこなせるようにする。これは50代から準備できることです。それがそのまま熟年離婚回避の妙手になるでしょう。

18歳を過ぎた子どもとは、一人前の大人として付き合うこと

親にとっては、何歳になっても子どもは子ども。しかし夫と妻が別人格なのと同じで、**子どもも親とは別人格。**子どもの世界があることを知ってください。子どもは親の所有物ではありませ

ん。進路、就職、結婚など、子どもに親の希望を押し付けてはいけません。

さらに子どもも18歳を過ぎればもう大人です。いつまでも子ども扱いせず、一人前の大人として付き合うべきです。

もしみなさんが、「18歳を過ぎても心配で、とても独り立ちなんかさせられない」と感じるなら、それは生活習慣や考え方、社会に対する責任といった、**我が子に独り立ちできる力を与える教育をみなさんがしてこなかった**ということです。

今から何を教育していいか分からないという人は、まずは部下を育てるのと同じように、よいところを見つけて褒め、劣っているところには目をつぶって、**子どもの個性や希望を尊重してみてください**。

そして、人に会ったら挨拶をする。悪いことをしたら反省して謝るなどの礼儀の基本については、今一度原点に立ち戻って徹底的に教えることです。

礼儀正しさは、人が社会の中で生きていく上で欠かせないことです。礼儀が身に付いて初めて、子どもは自立への一歩を踏み出すことができます。

大人の恋愛のあり方は、結婚という形に囚われない

「家族」を大切に、「家族との時間」を最優先にとお伝えしてきましたが、日本では、結婚した男女の3組に1組が離婚しています。

また、50代の親の世代までは「結婚して子どもを持って一人前」という世間の圧力がありましたが、20代、30代のころにDINKs（ダブルインカム・ノーキッズ）が広まった50代は、共働きで子どもを持たないと決めた夫婦や、未婚で人生を楽しんでいる人も多いです。

50代、60代、70代と何歳になっても、**ときめく気持ちは人生にうるおいや生きがいを与えてくれます**。

結婚に夢を求めても、他人である夫婦関係はいつ壊れてもおかしくありません。50代、特にそれぞれ仕事を持ち、互いに人生の目標があるという関係であれば、結婚という形態にこだわる必要はないのです。

大人の恋愛は、互いに重荷にならないことが大事です。同居してもいいし、別居だってかまい

ません。財産のことなど法的に決めておきたいものがあれば、契約書を作ればよいだけです。その反対に、生涯独身がいいと言っていた人が50代で結婚したりと、結婚に対する価値観や考え方が、大きく変わってきています。

人生後半の男女関係のあり方は、もっと自由に考えましょう。

友情は受け身で待つのではなく、自分からつなぐアクションをする

50代は、家族だけではなく**友人との関係を見直すことも重要**です。生涯の友を持てるかどうかで、人生の豊かさは大きく変わります。

しかし、多くの人は友情に対しておざなりになっています。友人との関係は放置しておけば疎遠になり、いずれなくなります。いつも誰かから誘われるのを受け身で待つのではなく、自ら行動を起こして積極的に友情の「お手入れ」を心がけましょう。

友情とは不思議なもので、学生時代や新社会人になったころの友人など、会わなくなってから長い年月が経っていても、顔を合わせたら一瞬で昔の仲間に戻ることができます。

そんなかけがえのない強い絆も、誰かが呼びかけて同窓会や同期会を主催といった行動を起こ

さなければ弱まっていきます。

また、友情とは友人間だけに生まれるものではありません。

大ベストセラーとなった『ビジネスマンの父より息子への30通の手紙』を書いたキングスレイ・ウォードは、友情について、「この素晴らしい人間の結びつきの中で最高のものは、たいてい夫婦の間の友情である。願わくば君の2番目に強い結びつきは、君と君の子どもたちの間の友情であってほしい」と語っています。

友達夫婦、友達親子といった言葉がありますが、夫や妻、子どもとの友情は若いときには想像できなかったかもしれません。

しかし50代になった今、**家族との友情を温めるチャンス**です。もちろん子どもがまだ小さい場合は話は別ですが、子どもが成人しているといった場合は、子どもとも大人の付き合いができるはずです。

夫婦もどれくらいの時間、夫婦関係をしてきたかによりますが、互いをリスペクトし合う良好な関係であれば、そこにはもはや「友情」と呼べるような関係性が存在しているのではないでしょうか。

ぜひ家族との間も積極的な手入れをして、友人のような関係を楽しんでみてください。

友人に嫌われることを恐れず、人生をワンステップ上げる

50代になると、仲間に嫌われることを極度に恐れるようになります。「嫌われているんじゃないか」「嫌われたくない」「嫌われないようにするにはどうすればよいか」、そんな思いが頭の中をグルグルとめぐります。

しかし、**仲間に嫌われることは決して悪ではありません**。もちろん礼儀がなっていなくて嫌われるというのは問題外ですが、嫌われるということは、その集団の価値観を抜け出していくということだからです。

逆に、その集団で気に入られているうちは、成長もその集団どまりです。

例えば、勉強して資格を取りたいと周りの集団に相談したら、「今さら勉強して何になるの」と言われたり、「今日は勉強したいから、飲み会に出ないで帰るね」と言って帰宅すると、「あいつは付き合いが悪いなぁ」となって嫌われます。

そうやってみなさんの成長を嫌う友人が増えれば、その集団を抜け出すことになるでしょう。しかし、それは結果的にみなさんのことを嫌う友人が減るということです。

その代わり、「今から目指すなんて、すごいね」「勉強頑張ってね」と、みなさんとのことを肯定してくれる友人が残ったり、そういった友人を介して新たな友人と出会うこともあるでしょう。

50代になってまで、**人に好かれようとしてこびへつらうことはありません。** **自分の価値観と合わない人は切り捨ててかまいません。** 人生のステップアップには必要な過程です。その代わり、嫌われることで新しい仲間と出会うことができると前向きに捉えましょう。

年下との人間関係を築き、年下から学ぶ柔軟な姿勢を持つ

新しい人間関係、すでに知り合っている人とこれまでより深い人間関係を作るときに**意識してほしいのは、「年齢」という枠組み**です。

「上司・年上が偉い」という長年の序列は、50代になったらあまり意味を持たなくなります。なぜなら年上の人は自分たちより先に会社やコミュニティを去るからです。

その反対に、自分より年下の人は、自分が定年退職などをしてそのコミュニティを去るまで、ずっと付き合う人たちです。

そこで、意識して**年下の人との人間関係を築いていきましょう**。

年下と付き合う大きなメリットは、他にもあります。それは年下から**新しいことを教えてもらえること**です。

例えば、コロナ禍でZoomを積極的に取り入れたのは、ほとんどが50代より年下の年代です。営業の世界でも、次々とDXと呼ばれるデジタルトランスフォーメーションが起きています。時代に合わせて自身の知識やスキルをアップデートするためにも、年下からデジタルスキルを学べるようなフラットな人間関係を築くことが大切です。

そして、このとき効果を発揮するのが、**コミュニティが持つ力**です。特に趣味が同じ人で形成するコミュニティには幅広い年齢層の人が集うので、若い人との関係を作るよい機会になります。コミュニティや講座では、年下の人が講師になる機会も多いでしょう。

そこで、まずは50代の今から「年下から学ぶ」ことに抵抗感をなくしていきましょう。定年後に再就職したら、上司が年下になることもあります。
「上司や先輩は、後輩や部下からものを教えてもらうのは恥ずかしい」というプライドは手放してください。そのほうが年下からも「柔軟性がある人」だと評価されます。

30代や40代、自分の子どもくらいの年齢でもすごい人、専門性を持っている人はたくさんいます。例えば、英会話を習いに行き、20代の帰国子女の先生に、「これ、前にやりましたよね、何回も出てきましたよね」と言われると、「もう少し敬意を持て」とカチンときてしまう人がいます。

しかし、こういった状況に年齢は関係ありません。若い人のほうが、最新のノウハウや素晴らしい感性を持っていることもあります。**相手の年齢ではなく、知識を習得してきたプロセスをリスペクトすることが大切です。**50代になっても学べる人は、周りの人全員を先生にできる人です。

常に鮮度のよい情報を手に入れるためにも、若い世代と積極的につながり、自分に必要な知識を素直な姿勢で教えてもらうようにしましょう。

自分より下の世代の人たちと、うまく付き合う五つのコツ

「若い人とつながりましょう」と言っても、「若い人たちとどう接してよいか、分からない」とい

う人も多いでしょう。

年下の人たちとの付き合い方について、もっとも大切なのは、**自分がムリをしないこと**です。話を合わせるのも、見栄を張るのも疲れます。**まずは自然体でいるのが大切です。**

自分が自然体でいるのに、若い人が「話しかけてくれない」「尊敬してくれない」と言う人がいますが、それは「年下から話しかけるべき」「年上を尊敬するべき」と思っているからです。互いに心を開き、よりよい人間関係を築くには、年齢は関係ありません。

そこで、みなさんに年下の人とうまく付き合えるコツを五つ紹介します。

一つ目は、会話に「○○さん」と、名前を散りばめることです。名前を呼ぶことで相手が心を開き、こちらが相手を大切にしている気持ちが伝わります。

二つ目は、小さなことでも教えてもらうこと。相手は、些細なことでも頼られると嬉しくなります。

三つ目は、ちょっとした共通点を見つけること。応援しているスポーツチームやグルメ、好きなドラマの話題など、何でもよいのです。共通点があれば、会話のきっかけ作りになり、そこから関係が深まります。

四つ目は、相手を観察して褒めること。髪型、持ち物、何でもいいです。相手に「いいな」と思うことがあったら、すかさず褒めます。

五つ目は、ちらりと本音を漏らすこと。年下に弱みや失敗談、自分の弱みを話すことで、相手が少しずつこちらを理解してくれます。

ぜひこの五つを心がけ、年下の人たちともスムーズな関係を構築していきましょう。

年下の人であっても、敬意を持って接する

年下の人に教えてもらうときや接するときに気をつけてほしいのは、**「敬語で話す」**ということです。互いにフランクな友人関係ならタメ語でもよいですが、会社の部下や、趣味のサークル、社外のコミュニティなどでは敬語で話すことを心がけましょう。そもそも年下の人に対して横柄な態度で話す人は、尊敬されないと肝に銘じておいたほうがよいです。

「50代にもなって、年下の奴に敬語で話すとバカにされる」と思っている人がいますが、これはそう言っている人の**自己肯定感が低い**からです。そういう人は、年下の人間と何か話すときは、高圧的な態度で接しないとナメられると思い込んでいるのです。

しかし、「ナメられる」という発想は、自己肯定感が低い人の辞書にしか載っていません。なぜなら、自己肯定感が高いということは、「何をやろうが、自分はバカにされることはない」と自信を持っているということだからです。

さらに、自分を肯定できる人というのは、「これに関しては、自分のほうが知識があるが、これに関しては自分のほうが知識がない」と客観視できる人でもあります。そのため、相手をリスペクトすることができるので、年下であろうとなかろうと、他人に対していくらでも下手に出ることができます。だから、年下の人に対して敬語で話すこともできるのです。

当たり前ですが、年下に敬語で話せるかどうかは、敬語を知っているかどうかではありません。**自己肯定感をどれだけ高く持っているかということです。**

相手が年下であってもぞんざいな物言いはせず、言葉使いには気をつけるようにしましょう。

第 4 章

余暇&健康編

プライベートの時間は優先的にスケジュールの確保をする

政治家がプライベートで楽しんでいる姿が報道されると何かと叩かれますが、じつは時間の使い方がうまい人は、政治家に多いです。

特に**一流の政治家は誰もが時間管理の達人です**。

よく新聞に首相の一日の動静が掲載されていますが、分単位で朝から晩まで、ぎっしりとスケジュールが詰まっています。

政治家はたくさんの人と会い、膨大な資料を短時間で読み、演説をして、なおかつ家族との時間も大切にしています。そして、膨大なスケジュールに追われながらも、意外にプライベートの時間を確保しています。

どうしたら、プライベートの時間を作ることができるのでしょうか?

その時間術のコツは、**スケジュール表にかなり前もってプライベートな予定を書き込んでおくこと**です。その上で仕事のスケジュールを組みます。そうしないと仕事に忙殺されてしまい、いつまでたっても自分の時間が確保できなくなってしまいます。

夏休みの家族旅行なら、早めに宿や飛行機の便などを確保しておき、後から仕事の打診が入ったとしても、仕事を入れないようにするのです。

いわば**〝時間の天引き〟**です

給料から天引きされる形の貯蓄だと否が応でも貯められるように、時間も先に天引きしておくのです。そうすると、ついつい仕事に時間をとられて、プライベートの時間がないという事態を避けることができます。

スケジュールをギュウギュウに詰めず、余裕を持たせる

プライベートの時間を天引きしておくのも大切ですが、そもそも50代になったら、**スケジュールをギュウギュウにしないようにしましょう**。

例えば、スケジュールをスカスカにしておけば、仕事でもプライベートでも「今日会えますか?」と言われたときに、「いいですよ」と即答できます。

スケジュールを空にしておくことは勇気がいります。もちろん空けていても、必ずお誘いがあるとは限りません。

しかし10回空けておいて1回しかお誘いがなくてもかまわないのです。9回をムダにしても1回のためにスケジュールを空けておくことは、ガムシャラに仕事をせず、自分の時間で仕事ができるようになる50代にしかできないことです。しかもその9回は、本当の意味では決してムダではありません。その時間は他のことに費やせるのですから。

スケジュールがギュウギュウだと、新たなチャンスは生まれません。みなさんは経験上、仕事やプライベートなどでの大きな転機が、ちょっとした飲み会や食事会での出会いや話から広がることを知っていると思います。

これまでは、それが「たまたま時間が空いていた」からだったかもしれませんが、50代以降はスケジュールに余裕を持たせ、そういう「たまたま空いている時間」を意識的に増やすことが重要なのです。

人生における時間やライフイベントなどを完全にコントロールしようと思わない

時間を管理することは大切ですが、**「時間は完全にはコントロールできない」と認識しておくことも大切**です。

どんなに綿密にスケジュールをきちんと立てても、計画通りに進むことはまずありません。不測の事態で予定の変更を迫られることや、想定外のことに時間をとられるのが常です。

このことは、日々のスケジュールではもちろんのことですが、将来のライフプランについても同様です。**予測のつかない事態が起こるのが人生です。**

転機となるような出来事は人それぞれ形を変えて起こります。

例えば、大企業でバリバリ働いていた人が早期リタイアして田舎で農業をしながら、奥さんとひっそり暮らして生涯を閉じるというライフプランを立てていても、地震や台風などの甚大な被害で、ある日突然、多くを失ってしまうこともあります。

他にも、定年退職後に悠々自適の生活を送ろうとしていたら親の介護が始まって、実家との往復の生活になったり、結婚して独立した子どもが離婚して実家に戻ってきたりなど、将来の人生設計を立てていても、中年期以降の生活は全く想定していなかったものになることもあります。

人生における時間やイベントを完全にコントロールしようとすると、その挫折が致命的になり、落ち込んで心のバランスを壊してしまうこともあります。

不可知であるもの、予期せぬことが起きるのが人生だと割り切ることも必要です。

人生を楽しむために、仕事以外の趣味を持つ

「仕事が趣味」と言う人がいます。それはそれでとてもよいことです。しかし、趣味は一つでないといけないというわけではありません。

人生を楽しむために、仕事以外の趣味を持っておくことは大切です。趣味は何気ない日常を刺激あるものにしてくれます。そして、自分が好きなものを調べたり、体験することは心を豊かにしてくれます。

仕事一筋で趣味がない、どうやって趣味を見つけたらよいか分からないという人は、まずは自分の身の回りにあるものを観察してください。

時間の経過とともに、特定のものが増えることは、それだけ自分が好奇心を持っていることだからです。服が多ければ、服に興味を持っているということですし、やったことはないけれどゴ

ルフ番組をよく見ているということは、ゴルフに興味を持っているということなのです。

だからこそ、**自分の身の回りにあって、気になるもの、数が多いものに注目してみてください。**今まで自分が自覚していなかっただけで、じつは飛行機関連の書籍やグッズが多いとか、調理器具にこだわりがあったなど、意外な発見があるかもしれません。

こうやって、無意識の好奇心を顕在的な好奇心に変えていくと趣味が見つかります。

50代からの趣味はアウトドア系趣味とインドア系趣味を両方持つ

趣味と一口に言っても、相手や仲間を必要とするもの、一人で楽しめるもの、天候に左右されるもの、身体を使うもの、頭を使うもの、能動的なもの、受動的なものなど、さまざまなタイプがあります。

この先の人生に向けて趣味を持つことは大切なことです。**50代以降の時間を楽しく過ごすには趣味が必要であり、趣味でつながる仲間が必須です。**特に会社員で定年後に大きく生活が変わる人はなおさらです。

そこでおすすめなのが、**アウトドア系趣味とインドア系趣味を両方、できれば二つ、タイプの違うものを持つこと**です。

例えば、スポーツが趣味でも思いがけない病気でできなくなることは十分にあり得ることです。病気にならなくても、体力や筋力の衰えや身体の痛みが原因で、大好きだったスポーツが楽しめなくなることがあります。

また、フットサルや草野球などの団体競技などは、それぞれの生活環境の変化で、なかなかメンバーが揃わなくなってチームが自然消滅してしまうこともあります。

そのときのために、身体を動かさなくてもメンバーが揃わなくても楽しめるインドア系の趣味は持っておくべきです。

反対に、インドア系の趣味しか持っていないと、定年後は特に引きこもりがちになります。老化は足腰から来るといいます。アウトドアの趣味を持てば自然と外に出ることになり、体力の維持につながります。

インドア系の趣味に関しては、趣味自体は家で一人でできることだとしても、情報交換ができる「仲間」を作ることを意識してください。仲間がいると外に出るきっかけにもなります。

他にもインドア、アウトドア両方の要素を持つ趣味もあります。例えばお寺めぐりです。行政が運営するカルチャーセンターや、公民館などで開催されている講座に入ってみるのもよいと思います。

アウトドア系、インドア系の趣味を二つ持っていると、晴れた日はアウトドアの趣味を楽しみ、雨の日はインドアの趣味を楽しむといったこともできます。

趣味はその場だけではなく、深めて極めていく

50代からの趣味は、その場限りの楽しみではなく、ぜひそれを**深めて極めていくことを意識しましょう**。

例えば、旅行が趣味という人は多いと思います。旅行自体、感動的なものであり、大きな楽しみですが、旅行に行く前にその土地の歴史を調べたり、名物を調べたり、さまざまなリサーチをしてみましょう。

そして、旅から帰ってきたあとは、そのときの写真や記録を見て、もう一度楽しみながら、旅先で出会った人、お世話になった宿へのお礼のやりとりなどをするのもいいですね。

他にも、映画鑑賞が趣味であれば、出演している俳優が出ている作品をリストにしてみたり、原作があればそれを読んだり、その原作が英語であれば、英語で読むのにチャレンジしたりと、さまざまな極め方があります。

また、趣味を極める方法として、**その道の専門家と直接話をすることもおすすめ**です。インターネット上で調べるだけで、趣味を完結させないことです。筋トレが趣味であるなら、パーソナルトレーナーをつけて、直接専門家の指導を受けます。

食べ歩きが趣味であるなら、「おいしかった」で終わるのではなく、お店に余裕のある時間であれば店長やシェフに料理の感想を言ったり、質問をするのもよいでしょう。

専門家と徐々に仲良くなれば、ネット上にはないような、質の高い情報を仕入れることができます。

世界中の人に発信することで、誰かを幸せにすることができる

みなさんは、フェイスブックやブログなどをやっていますか？

まだでしたら、ぜひ**趣味の一つとしてチャレンジしてみてください**。このように言うと、「別に

書くことなんて何もないし」「そもそも、僕が発信した情報なんて誰が読むの」と、多くの50代が拒否反応を示します。

しかし、みなさんが書いた一行を、世界のどこかにいる一人の人間が必要としているかもしれません。みなさんの一言で、その人は助けられたり、勇気づけられたりするかもしれません。一人ひとり人間は違っていて、**みなさんにしか書けない内容があり、みなさんにしか伝えられないことがある**のです。

お釈迦様は、「世界はやがて網の目のようになる。その網と網との結び目は光り輝く玉になって、互いに映し合って見ている」というように、因陀羅網（インドラの網）という言葉を用いて、あらゆる物事が互いに無限の関係を持って作用していることを説きました。

まさにこれは、インターネット時代の到来を知っていたかのようです。

今までも、いろんな意見や情報を周囲の人たちに対してあれこれと伝えてきたと思いますが、それは限定された人に対しての限定された情報伝達でした。

しかしインターネットでは、もっと自由に自分の伝えたいことを世界中の人に発信することができます。

若いころは小さなことに悩みます。小学校のころなどは、席替えでライバルが好きな人の隣の席になったらどうしようといったことにも真剣に悩んだりします。今から思えば、微笑ましい話です。それと同じようなもので、20代や30代の悩みは、50代から見れば「そんなことは、たいした問題じゃない」と思えることがほとんどだったりします。

それでも若い人は経験が少ないから悩みます。そこで50代の人が自分の経験について発信することは、20代や30代にとって「読む価値のあるもの」となるのです。

どんな小さいことでも、世の中のどこかでみなさんの文章を必要としている人がいる、そんな人を「エンカレッジしよう（勇気づけよう、励まそう）」と思って書いてみてください。**50年間の智恵こそ、みなさんご自身の財産**なのですから。

いつもの場所から離れて、心をリフレッシュさせる

身体の健康を保つことは大切ですが、同時に**心の健康を保つことも大切**です。

仕事や家のことなどに追われると、時には心をリフレッシュする時間が必要になります。日々頑張って生活している中で、何かしらの癒やしがなければ、どこかで心が折れてしまいます。精神が弱って心が折れると、そこで人間の成長は止まり、幸せも途絶えてしまいます。

そこで大切なのが、**自分一人のリフレッシュ時間をしっかり作ること**です。そして一人の時間が持てたら、仕事や家事への意識から自分を解放して頭を真っ白にするのです。

ポイントは、日々の生活と違う場所で一人になることです。公園やカフェ、図書館、見晴らしのよい展望台など、どこでもかまいません。

とにかく何も考えず、ただ過ごすことが大切です。仕事や人間関係、そういった頭の中の雑音を消しましょう。

ボーっとしようとしても、次から次へと頭の中に考えが浮かんでしまうという人は、雑誌を眺めるのがおすすめです。紙でも電子でもかまいません。

できれば週に1回は頭をリセットする時間を持ちましょう。

年に1回は長期休暇をとって、滞在型の旅をしよう

最近は働き方改革などもあり、お盆休みや年末年始など、10日間の大型連休をとれる企業も増えてきました。また、勤続年数が長くなると、10年ごとにまとまった休暇をとれる制度や、報奨金をもらえる制度をとっている企業もあります。

そこでぜひ、そういった**長期休暇や有給休暇を使って長い時間、滞在型リゾートを楽しんでください**。

若いころは、2泊3日や1泊4日機内泊の弾丸旅行で、あっちこっちを飛び回っていた人もいるかもしれませんが、**50代からの旅は、滞在型がおすすめ**です。

観光地をめぐる旅行ではなく、できれば1カ所を中心として、地域住民とお付き合いできるような「味わう旅」がよいでしょう。

滞在型のよりゆったりとしたスケジュールを組み、田舎に帰ったり、海外に移住した学生時代の友人や新入社員時代の同僚に会いに行くといったプランを立てます。滞在型の旅をすることで、

友人たちとの縁が深まっていくでしょう。

とはいえ、「10日も仕事を休めない」と言う人もいるかもしれません。しかしご自分がいなくても、部下だけで仕事が回るようにすることも、部下の成長や仕事の引き継ぎの面から見ても大切です。

コロナ禍でリモートワークという仕事の仕方にも慣れてきました。どうしても参加しなければいけない会議などは、旅先からリモートで参加するという方法もあります。

パートや自営業をしている人でも、こちらが宣言してしまえば、意外と長期休暇が通ってしまうものです。

ぜひ、海外でも国内でも、とにかく時間を作って旅をしてください。

旅行をするときは、「行けるところ」より「行きたいところ」に行く

では、実際にどうやって旅行先を決めればよいのでしょうか？

旅行にはその人の人生観が出ます。ほとんどの人は旅行の計画を立てるときに、仕事の休みが

とれる期間で、予算内におさまるところから旅先を決めると思います。しかし、そういった決め方では、時間と予算の範囲内でしか動けなくなります。

そこでまず、**「行けるところ」ではなく、「行きたいところ」を考えます**。

北海道に行って野生のシャチが見たい、アフリカに行ってザウリダンスを見たい、モンゴルに行ってゲルに泊まって遊牧民の暮らしを体験したいなど、まずはお金も時間も度外視して行きたい場所のリストを作ってみてください。

そして優先順位をつけて、上から順番に実行していきましょう。ここで、「時間・予算が足りない。旅行代理店では扱っていない。ムリムリ」と諦めないことです。

時間は作りましょう。お金は貯めましょう。コンビニでの買い物や、本当は断りたかった飲み会、衝動買いなど、普段、何気なく使っているお金を見直せば、月１～２万円の貯蓄はできるはずです。旅行資金として５００円玉貯金をしてもいいですね。

お金を貯めながら、旅行代理店に行ってツアーを探したり、「ここへ行きたい」と個人旅行の相談をしてみることが大切です。相談する前に自分の中で「ムリムリ」と却下するから、「行けるところ」という狭い範囲でとどまってしまうのです。

行きたい気持ちがあるのであれば、自分で努力したり人に相談して、**どうしたらムリの壁を超えられるか考えましょう**。自分でムリと思っているところを1ミリでも超えていくことで、50代の可能性がぐんと広がります。

どうしても趣味ができない人は仕事を楽しみ、趣味にする

50歳の折り返し地点を過ぎた第二の人生は、私生活を充実させ、仕事とプライベートのバランスをとることが大事です。

しかし、第一の人生で仕事以外に目を向けるゆとりがなかった人に、50歳を過ぎてから急に「趣味を持ちなさい」「家族との団らんの時間を持ちなさい」「よい仲間を仕事以外に持ちなさい」と言っても、意識の切り替えはなかなか難しいものです。

特に家族の団らんは、急に妻や夫と仲良くしようとしても、思うようにはいきませんし、妻のほうは、そもそも夫と仲良くしたいと思わないかもしれません。

趣味や仲間作りに関しても、根っからの仕事人間の習性が染みついてしまっている人は、なかなかすぐに趣味が見つからないことも多いでしょう。また、興味のあることをちょっとやってはみたものの、何となくハマらないということもあります。

そういうときは、**ムリして趣味を探さなくてもＯＫ。仕事一筋でもかまいません。**ただし、これまでとは少し意識を変えて、楽しみながら仕事をするように持っていきましょう。

楽しみながら仕事をするというのは、ただ単に目先の仕事を機械的に処理するだけではなく、そこに**工夫を加えるようにする**ことです。

例えば、いつも営業で使っているパワーポイントの資料に図やイラストを加えて見やすくしてみるとか、自分なりのデータベースを作ってみるなど、自分の得意分野でアイデアを出し、それを仕事に実装させます。

自分が工夫したことによって成果が出れば、より仕事が楽しくなります。

仕事を楽しみ仕事を趣味にすれば、「○○さんのやっていることがおもしろそう」と、自然と仕事を通じた仲間もできやすくなります。

何はなくとも「健康第一」、生きることの基本

仕事をするにしても、趣味を楽しむにしても、**「健康が第一」**です。健康は生きていく上での基本中の基本です。健康を維持できなければ、よい仕事はできませんし、よい人生は送れません。もし、ご自分が一家の大黒柱ならなおさらです。自分が倒れてしまったら、一家共倒れになってしまいます。

健康を維持するためには、**「バランスのよい食生活」「適度な運動」「十分な睡眠」**の三点セットが大切です。

どんなに忙しくても自分にとって十分な睡眠をとり、暴飲暴食を避け、風邪を引きそうになったら早めにケアをし、通勤時は階段を使うなどでもかまわないので、日々運動をして健康維持に努めましょう。

50代は体力が衰えていく上に、偏食傾向も強まります。血圧や血糖値、コレステロール値など、生活習慣病に関わる数値が次々とひっかかっていく年代ですので、健康維持には十分に注意して

ください。

そのためには**毎日体重を計り、増えたらすぐ元の体重に戻すクセをつける**と、生活習慣病の予防にもなります。

もちろん健康については運もあります。健康診断や人間ドックを受診していなくても健康な人もいれば、健康に注意していても、がんであっという間に亡くなってしまう人もいます。しかし、もう少し健康に気を使っていたら、若くして死なずに済んだのにと残念に思う人も多いです。

50代は死ぬにはまだ若すぎます。健康に十分気をつけてください。

健康のためには、無条件でお金を使う

「健康はお金で買えない」と言いますが、**健康になるためのお金は、ぜひ無条件で使うようにしてください**。

仕事もですが、人生は**身体が資本**です。自分にとって有意義な生き方をするためには、健康管理に気をつけることが必要不可欠です。身体を鍛えて見た目を美しく保ち、食事に気をつける努

力は、やって損をすることはありません。

多くの人は40代ぐらいまでは、あまり身体の変化は感じません。ところが50代になると、いっきに疲れやすくなりますし、代謝が悪くなるので今までと同じような食生活をしていると、どんどん体重が増えていきます。目に見えて自分の変化を感じずにいられなくなります。

一見スリムに見える人でも、50代くらいになると、内臓脂肪がたまり下腹だけが出てしまうという不格好な体型になりがちです。

健康を維持するには、多少のお金はかかってしまうものです。

例えば、ジム通いをしようとすれば会費がかかります。ジョギングなど自分一人で始められるものでも、ウェア代やシューズ代がかかります。

また、食生活に気を使おうとなると、どうしても食事では足りない栄養素を補助するためのサプリメント代など、月々の出費が増えていくと思います。家族に、「ジムに行くお金があったら（サプリメントを買うお金があったら）、他のことに使わせて」と言われるかもしれません。

しかし、人生を支えるベースとなるのは身体です。**健康になるためのお金は、出し惜しみをしないことです。**身体を壊したり病気になったりすれば、入院費や治療費、薬代などで、その何十倍ものお金がかかります。

そもそも、あなたが病気になったりすれば、大切な人に迷惑がかかります。家族から何と言われようとも、自分の健康を優先してください。

病気になる前の予防が肝心。身体の不調を治す方法

「未病」という言葉があります。これは、**病気ではないけれど、健康であるとも言えず、病気になりつつある状態のこと**を指します。

だるかったり、冷えがあったり、目覚めがスッキリしない、食欲不振など「何となく調子が悪い」というのが未病です。このまま放置していると、いずれは何らかの病気になる可能性があります。

そこで、この未病のうちに健康を回復するためにしてほしいのが「毎朝の体温測定」です。日本人の平均的な体温は、ワキ下の計測で36～37℃といわれています。身体は代謝をするとき

に発熱し、その熱を体外に放熱しています。ですから、体温は体内の酵素の働きが分かる生命エネルギーのバロメーターとも言えます。

身体の健康を保つには、各臓器が正しく働いてくれることが重要です。各臓器を正しく働かせるためには、消化酵素や代謝酵素などの「酵素」が必須です。人間の体内には、およそ５０００種類の酵素があり、それぞれ違った役割を持っています。

そして、その酵素がうまく働いていない状態が「未病」です。すべての酵素がもっとも活発に働くのは、体温が36・７℃のときです。つまり、大切な酵素が働けない状態になっていないかを知るために、体温測定は欠かせないというわけです。

体温は一日のうちで上下１℃ぐらい変動するので、もっとも体温が低くなる、朝起きてすぐに測ることを習慣化しましょう。

そもそも50代を過ぎると体温が下がってきます。これは老化とともに体温調節機能も下がるからだといわれています。

そこで理想の36・７℃をキープするために、**「温活」を意識**しましょう。

まず、入浴はシャワーで済ませないで湯船にゆったり浸ること。ぬるめのお湯にしっかりと浸かって身体を芯から温めてください。

さらに運動も大事です。筋肉がつくと血行がよくなり、体温が高くなります。体温が高くなれば基礎代謝も増え、太りにくくなります。寝る前に20〜30分ストレッチをするだけでも十分運動になります。

また、身体を温める食べものも積極的にとりましょう。朝起きて白湯を飲んだり、日中の飲み物も温かいものが基本。ショウガのすりおろしなどをプラスするのもよいでしょう。

ぜひ「温活」を生活にとり入れてください。

朝、早く目覚めるようになったら、その時間を活用する

50代になると、だんだん朝早く目が覚めるようになります。これは、トイレなどで夜中に目が覚めて眠りが浅くなったり、体内時計が前倒しになっていくなど、さまざまな理由が考えられます。しかし、朝早く起きるようになったからといって、悩む必要はありません。

早起きをきっかけに、生活スタイルを早寝早起きに変えましょう。これまで夜更かしする習慣があった人は、早く起きるようになった分、就寝時間を早めるようにしてください。

特に午後10時から午前2時までは、**「睡眠のゴールデンタイム」**と言われています。

その理由は、睡眠ホルモンであるメラトニンの分泌が、起床してから14〜16時間後に始まるからです。つまり朝7時に起床していると、夜9時ごろから11時ごろには睡眠モードになるのです。この睡眠モードのときにムリして起きていたりせず、布団に入って寝ると睡眠が深くとれるので、脳や身体の疲労回復が早くできます。

仕事や家事などが片付いていないうちに寝るのは勇気がいります。しかし、そういうときこそ思い切って寝てみることです。できなかったことは、次の日の朝、早く起きた分の時間に行えばよいのです。

睡眠時間は同じでも、睡眠のゴールデンタイムに寝ると睡眠の質を上げることができるのでお得です。

さらに朝早く目が覚めると、午前中の時間の活用度が圧倒的に上がります。朝の4時、5時に起きれば出社まで3～4時間自由な時間があります。

若いうちは、朝早く起きると昼間に必ず眠くなったり、朝が弱いために夜更かし型になりがちです。しかし50代、**朝早く目が覚めることは強み**なのです。朝起きてから仕事が始まるまでの間の時間を、ぜひ**人生を豊かにするための時間**に役立ててください。

寝だめはしない。夜更かしをしても起きる時間は同じにする

早寝早起きの習慣がついていても、たまの休日は遅くまでゆっくり寝ていたいとか、たまに夜更かしをした日は、朝はギリギリまで寝ていたいと思うものです。

しかし、**どんなときでも朝は同じ時間に起きる**ことが、毎日の睡眠の質を高めるポイントです。起床には、コルチゾールというホルモンが大きく関係しています。このコルチゾールは、血糖値や血圧を上げる働きのあるホルモンで、起床の2時間前から分泌が増え、起床時にピークになるといわれています。このコルチゾールが全身に行き渡ると、気持ちよく自然に目覚めることができます。

つまり午前6時に起床する習慣がある人は、午前4時からコルチゾールの分泌が少しずつ増えて午前6時にピークを迎えます。その後、再びコルチゾールの分泌が下がっていきます。

では明日の朝、5時に起きるので5時にコルチゾールの分泌をピークにしてくれるかというと、そういうわけではありません。

このコルチゾールがピークのときに起きれば目覚めがスッキリしますが、起床時間がピークからズレてしまうと、なかなか起きられなかったり、スッキリしなかったり、憂鬱な気分になったりします。

じつは、ブルーマンデーはこの仕組みから起こるといわれていて、土日の寝坊生活でコルチゾールの分泌時間がズレてしまい、月曜日の朝がつらくなるというわけです。

ですから平日も休日も関係なく、毎朝、起きる時間を決めましょう。そうすることで、**自分の身体からのメッセージを受け取りやすくなります**。

夜、何時に寝るかも決まっておらず、朝もその日によって起きる時間がまちまちとなると、生活は不規則になります。

ぜひ、睡眠の質を上げるためにも起きる時間は固定させましょう。

「眠ろう」ではなく「起きよう」にシフトすることで不眠症を克服する

早起きする習慣をつけたいといっても、夜なかなか眠りにつけず、寝るのが明け方になってしまったり、夜中に何度も起きてしまうという人もいるでしょう。

実際、「よく眠れない」と訴える50代が増えているそうです。

ここで「眠れない」と悩む人たちにアドバイスしたいのは、「眠ろう、眠ろう」と考えるのではなく、**「起きよう、起きよう」にシフトすること**です。

まず、朝起きる時間を決めて、そこからきっちり動くのが不眠症克服のコツです。

前の晩に何時に寝ようが、途中で何度目が覚めようが、日の出とともに起きることです。起きるというのは、布団から出て活動するということです。

人間の身体には、体内時計が備わっていますが、ぴったり24時間周期ではありません。そこで朝、日光の光を浴びることで体内時計をリセットさせる必要があります。

また、睡眠ホルモンであるメラトニンは、起床後14~16時間後に分泌されるので、朝寝坊してしまえば、その分、眠くなる時間も遅くなってしまいます。

ですから、**朝にきちんとリセットすることが大切**です。そうすれば、夜になれば自然と眠くなります。

また、夜に眠るためのコツもあります。

一つは、**アルコールやカフェインを控えること**です。それらは交感神経を刺激し、目が覚める原因になります。寝酒をする人もいますがそれは一時的なもので、すぐに目が覚めてしまいます。また、アルコールを分解する過程で水が必要となるので、脱水を起こし、深い睡眠がとれなくなります。

他にもネットサーフィンや映画など、**スマホやテレビの液晶画面を見るのは控えましょう**。ブルーライトの刺激が睡眠の質を下げるというのはよく知られていますが、ネットサーフィンでネガティブなニュースなどを見てしまうとそれがストレスとなったり、映画などで脳が興奮すると、それも睡眠の妨げになります。

今一度、普段の自分の生活が眠りの邪魔をしていないか考えてみてください。睡眠も健康には大切な要素です。夜、しっかりと寝て、朝、スッキリと目覚めて朝のゴールデンタイムを活用しましょう。

第 5 章

お金編

「老後資金2000万円問題」に惑わされず、個々の家計を考える

人生100年時代、50歳という人生の折り返し地点を過ぎ、残りの人生を自分の望む形で生活していくためには、先立つもの、つまり**お金が必要**です。

特に60歳、65歳で定年を迎えたあとは、貯蓄と年金が収入の柱になります。ですから家計を管理して、経済的な不安を解消しないと、老後を楽しむことができません。

老後、金銭的な不安もなく生活するにはいくら必要なのか？

「老後のために2000万円を用意しておかないといけない」と、ほとんどの方はそう思っています。しかしその「2000万円」の出所を知っている人は、意外と少ないです。

これは、2019年に金融審議会の市場ワーキング・グループが公表した報告書「高齢社会における資産形成・管理」がもとになっています。

この報告書の中で、無職の高齢夫婦世帯の平均支出を見ると、毎月の赤字額が約5万円になるとの記述がありました。そこで20年で約1300万円、30年で約2000万円、貯金からの取り

崩しが必要ということになります。

そもそもこの数字は30年ということで、夫が95歳、妻が90歳以上生きることが前提になっています。もちろん、人生100年時代、その前提は間違ってはいないのですが、この資料で毎月5万円の赤字という数字は、2017年の家計調査に基づくものです。

この試算は、毎年の調査結果で大きく変動します。

例えば、2018年の毎月の赤字額は約4万円、2019年は約3万円と減る傾向にあり、何と2020年に調査された数値では、毎月1111円の黒字という結果になっています。これはコロナ禍の自粛で消費支出が減ったのが原因かもしれません。

ですから、**「2000万円」という金額に振り回されるのはナンセンス**なのです。

そこで大切なことは、「2000万円」という数字ではなく、自分の家計や年金額などを見直して、**「自分はどうなのか」「我が家はどうなのか」**を考えることです。今は都内の家賃が月20万円の4LDKのマンションに家族で住んでいる人も、子どもが独立して夫婦二人になり、郊外の月5万円の2DKのアパートに引っ越したら、それだけで月々の家賃が15万円節約できます。

「どれくらいお金が足りないか」は個々の収入の状況はもちろん、ライフスタイルによっても大きく違ってきます。世間の数字に振り回されないようにしましょう。

お金を残しすぎても墓場には持っていけない。お金を使う楽しさを覚える

「老後2000万円問題」はともかく、50代ともなると、お金を残すことに考えがシフトしていきます。確かに老後の生活は心配ですし、妻や夫、子どもに少しでもお金を残してあげたいと思う気持ちも分かります。

しかし、50代から人生を豊かに過ごしている人は、**お金を残すことよりも使うことを意識しています**。お金を貯め込むことはせず、自分のためにお金を使っています。

例えば趣味にお金を使ったり、自分の健康のために使ったり、自分の学びのために使ったり、グルメに使ったり、旅行に出かけたり。自分の大切なモノやコトにお金を使って、その体験から喜びを得ています。

そしてその喜びを仕事の活力とし、仕事からお金を得、そのお金を自分のために使い、それが

喜びや自分自身の価値を上げることになり、結果的に収入も上がり、お金をさらに使うという**経済の循環をその人自身で行っています**。

いっぽうで、お金を貯め込もうとする人は、お金を使うことに対して必要以上に神経質になります。しかし人間、生きている以上、何かしらお金は使わないといけないので、日々、財布の中身をのぞいてはため息をつくようになり、そうなると人間としての輝きもなくなっていきます。

お金が循環すれば経済が活性化するように、人もお金を使えば輝き、使わなければ停滞します。

これは金持ちか貧乏かは関係ありません。ある意味、宵越しの金は持たぬ江戸っ子のような生き方のほうが、いきいきと毎日を過ごせるのです。

借金だらけだったり、今日の食費にも困るような浪費は問題外ですが、必要以上に貯め込んでお金を残すと、残された家族の間で財産争いが起こり、血族の調和が乱れる原因にもなります。

大切なのは、お金を適度に使い、自分が心身ともに健康で幸せを感じながら、楽しく生きることなのです。

残り50年の生活を考えるために、夫婦で家計のことを話し合おう

家族のいる人は、50代になると子どもの教育費の目処が立ち、家のローンの支払いもゴールが見えてきて、家計もいっきにラクになり始めるという方も多いのではないでしょうか。

ここで財布の紐をゆるめるのではなく、**老後資金作りへとシフトさせましょう**。そのためには、夫婦でしっかりと**老後の計画を話す**ことが大切です。

これまで、夫婦のどちらかが財布を握って片方は毎月定額をもらっている家庭、共働きで互いに出費を分担して、それ以外に関しては各自で管理するなど、どれぐらい貯蓄があるか家庭で話したことがない人も多いでしょう。

じつはふたを開けてみると、二人とも貯金がカツカツだったなんてこともあります。

そこで、これを機に老後に必要な資金について夫婦で話し合ってみましょう。自分の貯金額など資産を相手にバラしたくない気持ちもあるでしょうが、万が一のときの遺産相続などもあるので、お金に関することはオープンにしておいたほうがよいです。

今後の人生設計についても、夫婦の意見が100%合致することは少ないかもしれませんが、互いに譲れるところ、譲れないところをクリアにして、残りの50年を乗り切りましょう。

生活費、生命保険、自動車関連費。三つの支出の見直しをする

他にも夫婦で話し合ってほしいことは、**暮らしのサイズダウン、支出を見直すこと**です。宝くじで大当たりしたり、ギャンブルで大儲けする以外、これから収入が劇的に増えることはありません。もちろん宝くじやギャンブルをあてにするのは現実的ではありません。

収入を増やすことができないならば、支出を見直すことです。支出を見直すことで、将来残せるお金も変わります。例えば月3000円の支出であっても、10年で36万円になります。

見直すときのポイントは、まず**使途不明金を明らかにする**ことです。何に使っているか分からないお金が月1万円あったとしたら、10年間で120万円になります。ムダ遣いをなくすことで、これだけのお金が貯まることを自覚しましょう。

次に見直すのは、**生命保険料**です。生命保険の保障額をなかなか減らせないという人は多いものです。なぜなら、これまで支払ってきた生命保険料がムダになるという心理が働くからです。もちろん必要な保険なら残しておいたほうがよいですが、外したほうがよい保障まで残しておくのはムダな出費以外の何物でもありません。

子どもが小さいころは、万が一のことを考える必要がありますが、すでに独立して扶養家族がいなければ、お金の心配はいりません。すぐに減額か解約をして、節約できた保険料を今後のために貯蓄に回すほうが合理的です。

マイカーを持っている人は、**自動車関連費の見直しもしましょう**。車を持っているとガソリン代や税金など、何かとコストがかかります。子どもが小さいころは習い事の送迎や旅行、週末のまとめ買いなどに必須だった車も、50代になるとかなり出番も減っているのではないでしょうか。

田舎に住んでいて、車がないと買い物にも行けないという生活なら別ですが、思い切って車を手放すことも、ぜひ検討してみてください。都市部では「カーシェアリング」がかなり普及しており、いつでも車に乗れる利便性を確保しながら、月会費や利用料のみで済むのでコストダウンができます。

生活費、生命保険、自動車関連費。この三つを見直すだけでも、かなりの**金額を節約すること**ができます。

人生はゲームだと思えば、節約をもっと楽しめる

人間、お金がなければ生きていけません。人が生まれてから死ぬまでにかかるお金は、2億円とも3億円ともいわれています。もちろん、生活スタイルや寿命にもよりけりですが、億単位のお金がかかることは間違いないです。

いっぽうで、得られるお金がいくらかというと、日本のサラリーマンの生涯年収は平均で2億円です。

50代からの50年は、どれくらいの収入があるのかを計算し、どれくらいの支出までが大丈夫か、きちんと計画を立てていくことが大切です。

現役時代であれば、多少贅沢な使い方をしたとしても、翌月の給料やボーナスで埋め合わせをしたり、会社によっては副業をすることもできたでしょう。

しかし**定年退職後、年金が収入の柱となれば、より計画的に使う必要があります。**

でも、毎日が節約、節約、節約……となると、人生が楽しくなくなってしまいます。

そこで、**日々の節約を「ゲーム」だと考えるのも手**です。

日々の食料品や日用品などは、いかに安く買えるか、スーパーのチラシやネット情報を、ゲームの攻略本だと思って作戦を練りましょう。

「お金を使わない」と考えると、気分が滅入ってきてしまいますが、「お金を賢く使う」と考えるだけで、節約ゲームも楽しくなります。

節約で浮いたお金で少しの贅沢をすれば、さらに節約ゲームが楽しくなります。節約ゲームのターゲットは生活の中にいくらでもあります。光熱費、スマホ代、衣服費、娯楽費、交際費などです。家庭菜園で野菜を育てれば、食費も減りますし一石二鳥です。何より自分で育てた野菜の味は格別です。

ぜひ、「節約ゲーム」を楽しんでください。

暮らしをサイズダウンして、身の回りをコンパクトに

節約する上で他に意識することは、**暮らしをサイズダウン**することです。

人間、一度贅沢を味わうと、そのレベルを下げることはなかなか難しいものです。できれば昨日より今日、今日より明日と右肩上がりで暮らしたいですが、なかなかそういうわけにはいきません。

高度成長期のような勢いは、今の日本にはありません。経済は行き詰まり、給料は実質目減りしています。1997年の平均年収は467万3000円でしたが、2020年は433万1000円です。

給料だけでも34万2000円減ったにもかかわらず、消費税は10%に引き上げられ、さらに住民税、社会保険料も増え、物価も上がり、実際には使えるお金が84万円減ったという試算もあります。

そこで50歳を過ぎたら、さらに暮らしをサイズダウンする必要があります。物欲を抑えることが求められますが、青春時代をバブル期に過ごした50代にとっては、レベルダウンをするのは、なかなかつらいものがあります。

そこで生活レベルを下げずに、**暮らしをコンパクトにしていく工夫をしましょう**。

例えば、スマホを格安スマホに変えるのも一つの手です。スマホを手放すわけではないので、生活レベルが下がることはありません。

車を手放してレンタカーを利用すれば、コストを下げて今までよりも高級な車に乗ることもできます。

外食は店のランクを下げるのではなく、回数を減らすことから節約を。晩酌として、毎晩缶ビールを飲んでいるなら、発泡酒や第三のビールにランクを落とすのではなく、週3日に減らすことで支出が半分になり、さらに休肝日も設けられるので健康にもよいです。

夫婦二人だけの生活なら、今、住んでいる家を売ったり人に貸したりして、部屋数が少ない家に住み替えるのも一考です。

このように生活をダウンサイジングさせて、さらにお金が貯まるようであれば、それはそれで喜ばしいことです。

50歳から、実際の収入がどれぐらい変化するのか数字で確認をする

定年退職すれば、収入は確実に減ります。しかし、実際にどれぐらい減って、年金収入がどれぐらいになるか、みなさんは把握していますか？

定年にならなくても、収入は減っていきます。まず、55歳前後になると「役職定年」を迎え、今の役職を降りることになります。すると、給料は7～8割に減給されます。

その後、60歳で定年を迎え、65歳まで嘱託社員などで働き、65歳で年金生活を始めるとします。**それぞれのステージで、自分が月いくらもらえるか実際に計算してみてください。**年金生活になっても、それほど自分の収入が減らないと思っている人がいるかもしれませんが、そんなことはありません。

毎年、誕生月に「ねんきん定期便」が郵送されてくるので、きちんと開封してどれぐらいの受給額になるのか把握しましょう。

例えば、夫が会社員で妻が専業主婦の場合は、月22万円程度になるのが平均的です。年金は60歳から繰り上げ受給ができ、75歳まで繰り下げ受給ができますが、それによっても受給金額が変わります。

年金を繰り上げ受給すると大幅に減額されてしまうので、働けるうちは働いたほうがお得です。

これらを、何となくふわっと考えるのではなく、月々〇万円というように、実際に数字を出し、今の家計と照らし合わせてみてください。

老後の生活が破綻しないためには、貯蓄をするのと同時に、毎月の支出をいくらまで減らしていけばよいかが分かると思います。

そしてそれが分かったら、予行練習ではないですが、60歳以降の生活をイメージして、その支出まで抑えるように少しずつ生活をダウンサイジングしていきましょう。

退職金をご褒美と思ってはいけない。ムダ遣いは厳禁

定年を迎えると、退職金をもらえます。大企業の部長クラスであれば、2000万円を超えて3000万円くらいになることもあるでしょう。中小企業でも1000万円前後が平均額です。

ある日、大金が貯金通帳に入金されたら、気が大きくなるものです。しかし、今まで投資をしたことがない人が、いきなり博打的な投資などをしてしまうと、一生後悔することになります。

投資自体はよいことですが、世の中には退職金を狙ってうまい話を持ちかける詐欺師がたくさ

んいます。

また、人生でもう一花咲かせようと退職金を全部つぎこんで、趣味だったソバ屋をオープンさせたり、飲食店のオーナーになったりする人もいますが、**まずは冷静になりましょう**。

何十年と会社勤めをしてきた自分にご褒美をあげたい気持ちは分かります。

しかし、慣れない大金を目の前にすると、冷静な判断ができなくなります。そして金銭感覚もバグってしまいます。

日々、コンビニのペットボトル飲料よりスーパーのペットボトル飲料のほうが安いからと、10円、20円の節約をしている人が、新車を買うとなったときに、平気で5万、10万のオプションをつけてしまうのと一緒です。

退職金が入ったら、まずは余程のことがない限り**使わないと決めましょう**。そして個人向け国債のように中途で解約しにくい金融商品にしておくのがおすすめです。

個人向け国債は元本保証の上、中途解約すると本来なら得られる利子が目減りするので、中途解約の衝動も抑えられます。

また中途解約するにしても購入してから1年間は解約できないので、その1年間の間に退職金という大金をもらって浮かれている頭をクールダウンさせましょう。

頭を冷やす方法として**一番おすすめなのは、退職金を月々の生活費で割ってみること**です。例えば、退職金を1500万円受け取ったとします。現在月々の生活費が30万円だとしたら、1500÷30＝50、つまり50カ月でなくなります。たった4年ちょっとです。

そう考えると、決してムダ遣いはできません。退職金が入ったからといって大船に乗った気にならず、**使い方には細心の注意をしてください**。

ネガティブ意見だけを聞かずに、年金制度を大切にする

退職後の収入としてメインの柱となるのは年金ですが、「年金はあてにできない」「年金を払っていてもしょうがない」という言葉をよく聞きます。

近年、年金受給年齢が上がっていったり、支給額も減額されたり。今後も「少子高齢化で年金財政がもたない」と言われています。

年金を受け取るのがまだまだ先の50代にとっては、実際、年金をどれぐらい受け取れるのかは気になるところです。これまで30年以上も年金保険料を納めてきたのですから、絶対に年金制度は破綻してほしくありません。

今後も減額や受給年齢引き上げがあるかもしれませんが、**年金が全くもらえなくなるという事態は考えられません**。公的年金制度がパンクする事態になれば、日本はもちろん、世界的にも金融・経済が混乱状態に陥っている可能性が高いです。

厚生労働省では「財政検証」が5年ごとに行われ、100年という長期の見通しを立て、年金財政が健全に回っているかを検証しています。

人口構成や社会・経済情勢の変化に応じて制度改正が行われるので、減額や受給年齢引き上げ、収入がある人への減額制度など、コロコロと変わっていくため、将来について不安を生むのも当然かもしれませんが、この制度改正は、年金制度を持続するために必要なものです。つまり裏を返せば、制度改正することによって持続できているということでもあるのです。

生きている限り受け取れる公的年金は、リタイアして収入がなくなったとき、そのありがたさ

が分かります。年金制度は長い目で見れば、これほどありがたいことはありません。制度改正が行われると、ネガティブな情報が発信されがちですが、そればかりに気を取られると大事な情報を見落とす可能性もあります。

周囲やＳＮＳの意見に惑わされず、将来のマネープランをしっかりと立ててください。

銀行に預けていれば大丈夫？「預金は元本割れしない」を信じてはいけない

「投資は元本割れすることもあるから不安。でも、預金は元本割れしないので安心」と思っていませんか？　確かに銀行預金は元本保証、確定利回りをウリにして資金を集めています。

もちろん銀行が破綻すれば元本は戻ってきません。１９８０年代にバブルが崩壊して、次々と金融機関が破綻や吸収合併しましたが、その後正常化し、今の日本では余程のことがない限り大丈夫でしょう。

しかし、**銀行経営が正常化していても、実質的に銀行預金が元本割れするリスクがあります。**これはどういうことでしょうか？

銀行に預けることで「利息」をリターンとして得ることができますが、現金の場合は株式の株価と違って、元本の価値は変動しません。そして、預金の利息は物価との兼ね合いで決められ、物価が年1％上昇するなら、物価上昇率を上回るように利息を設定するのが一般的です。

ところが、今の世の中を見てみると、2023年7月の消費者物価指数を前年同月比で見ると、生鮮食品を除く総合的な数字は3.1％上昇しました。ということは、預金の利息も3.1％欲しいところですが、メガバンクの定期預金の金利は0・002％。実質的に預金の価値が1年で3・098％目減りしたことになります。

こう考えると、銀行預金は決して元本保証とは言い切れない側面があります。さらに、この超低金利時代、コンビニのATMで時間外に入出金をしたりすれば手数料もかかります。100万円を預けていても、利子は20円ですから、1回ATMで時間外におろしただけで元本割れしてしまいます。

そこで、インフレに強い資産といわれる株式や不動産などを保有する必要があります。とはいえ、個人がいきなり投資を始めるには難しい部分があります。特に50代以降、インフレのリスクヘッジをしながら資産運用する場合は、株式を組み入れた投資信託を購入し、長期で積み立て投資をしていくのがよいでしょう。**投資信託を有効活用して、インフレ率を上回るような資産運用を心がけましょう。**

一つの銀行だけに集中せず、お金を分散させて預ける

今の時代、日本で銀行が破綻することはないだろうと言いましたが、2023年になってアメリカのシリコンバレーバンク（SVB）、シグネチャー・バンクが経営破綻し、さらにヨーロッパの巨大金融グループ、クレディ・スイスが救済買収されました。ですから、**一民間企業である銀行が倒産するリスクがゼロとは言えません。**

もし、退職金も含めて数千万円を預けている銀行が破綻した場合、日本では金融システムを守るセーフティーネットである「預金保険制度」に基づき、一定額の預金（1000万円）は保護されますが、全額カバーされるわけではありません。しかも外貨預金は対象になっていません。

みなさんの中には、退職金や親の相続など、数千万円のまとまったお金を預けている人もいる

でしょう。そこで、一つの銀行に全財産を預けるのではなく、**一つの銀行に預ける条件を1000万円までとしておけば、**万が一銀行が破綻したときでも、財産を守ることができます。

または、**証券会社の証券総合口座に入れておくという手もあります**。MRF（マネー・リザーブ・ファンド）という短期公社債などで運用する投資信託の決済口座として開設し、MRF以外の投資信託を購入・解約したり、株式や債券などの有価証券を購入・売却したりする際の資金の受け皿にします。

預金保険の対象ではないですが、投資信託会社や販売金融機関が破綻しても、MRFの資産は全額保全されるからです。

投資でも何でも、**リスク分散は基本中の基本**です。一つに集中させることなく、資産を分散しながら保有することを意識しましょう。

専門家に丸投げするのではなく、自分でもきちんと知識を持つこと

50代以降には、長期で運用してリスクの少ない投資信託をおすすめしましたが、では実際、ど

うやって資産運用をしていけばよいのでしょうか。

1996年から「金融ビッグバン」と呼ばれる金融自由化が本格的に進み、それまではプロしか扱えなかった金融商品が個人向けに小口化されたり、銀行でも投資信託や保険を扱うようになりました。

そして現在では、取り扱われている金融商品は、昔よりも格段に多様化しています。

さらにインターネットが発達し、個人が情報発信するようになり、投資に関する情報も集めやすくなるいっぽうで、あまりにも**選択肢が多すぎて、どれを選べばよいのか迷ってしまうという現実もあります**。

ならば、銀行や証券会社の窓口で、専門家に任せるのが一番と思ってしまいがちですが、専門家に相談すれば最善の提案をしてもらえるかというと、そうとも限りません。

なぜなら、銀行や会社によって取り扱っている商品や株が異なり、当然ながらどんなによい商品だったとしても、自社が扱っていない商品は提案することができないからです。

それに、彼らからすれば販売するのが仕事ですから、よいものがないからすすめないというわけにもいきません。

もちろん、ほとんどの担当者は親身になって相談に乗ってくれるでしょうが、民間企業は金融商品の売買の手数料で儲けているので、担当者は当然、手数料が多く入る商品を提案することになります。

そのため、金融商品や保険を担当者の言われるままに購入すると、ライフプランに合わず失敗する可能性が出てきます。

それを防ぐためには、まずは**自分で今後のライフプランを考え、運用や保険に関する基本的な知識を身に付けることが大切なのです**。

ハイリターンの商品はハイリスク。うまい話に乗らない

世の中には、人の資金を狙っている人が多く存在しています。特に退職金という大金を手に入れる世代や、老後の資金を貯めないといけないと焦り始めた50代に、「儲け話」を持ちかける詐欺師は大勢います。

まず、**みなさんは格好のカモであることを自覚してください**。50代や60代になって財産を根こ

そぎ持っていかれると、大ダメージを受けます。

投資には、ある程度の勇気が必要な場合もあります。安全かつ高利回りの商品は存在しません。ハイリターンの商品はハイリスク、ローリスクな商品はローリターンです。


そこで詐欺師に引っかからないように、詐欺師の典型的な殺し文句を三つ紹介します。

一つ目は、「これは誰にでもおすすめしているものではなく、レベルの高いあなただけに、特別にこの話をお教しえます」と、自尊心をくすぐるタイプのもの。

二つ目は、「じつはAさんも大変興味を持っていて、すぐにでも契約をする予定です」。Aさんは知人の場合や、有名人の場合もありますが、こういった言葉は、自分は乗り遅れたくないという競争心を煽ります。

三つ目は、「この話は今日だけの限定商品で、今日中に決めないと値段が上がってしまいます」というものです。このように「今すぐ」決断させるのは、思案する時間を奪うためです。


こうやって書き出してみると、「そんな詐欺には引っかからない」と思うかもしれませんが、オレオレ詐欺の被害が後を絶たないように、この程度の初歩的なアプローチでも、**常識ある多くの人がコロリと騙されてしまうのです**。

自分は大丈夫だろうと言っている人ほど騙されやすい傾向にありますから、慢心せずに絶対に詐欺には引っかからないように注意をしてください。

投資は手堅い「投資信託」「つみたてＮＩＳＡ」「ｉＤｅＣｏ」を利用する

では具体的に、どんな投資をしたらよいでしょうか？　僕は**「投資信託」「つみたてＮＩＳＡ」「ｉＤｅＣｏ」、この三つによる手堅い投資をおすすめします**。

◉投資信託

投資は値動きがあるのでリスクが心配という人もいますが、「投資信託」は積み立てて行うことでリスク軽減効果があります。それでも怖いという人は、まずは少額から始めてみましょう。最近では、１００円単位で積み立てができる販売会社が増えています。

毎月、自分のお小遣いでやりくりできる程度の積み立てなら、家計への負担も感じずにスタートすることができます。まずは、自分が失敗しても痛くない金額から始めてみましょう。

また、「投資信託」がおすすめのもう一つの理由は、少額の資金でも分散効果の高い投資ができることです。

例えば「インデックス・ファンド」という商品は、東証株価指数や日経平均株価の平均株価指数など、市場全体の動きを示す指数に連動するようにシステム的に運用される投資信託です。

一つの会社ではなく、複数の会社で構成されているので、株のようなギャンブル性がかなり低くなります。デメリットとしてはローリスク、ローリターン。株のように大儲けはできず、短期的に見た場合、大きな利益を得ることはありません。

「インデックス・ファンド」はタイミングを見計らって売買で儲けるのではなく、長期投資で持つことに価値があります。そうすれば運用コストも、ほとんどかかりません。

「インデックス・ファンド」と言っても、日本国内のものもあれば、北米、ヨーロッパ、アジア、オセアニアなどの幅広い地域の指数に連動する商品が探せます。全世界、先進国、新興国といったくくりの指数もあります。

選ぶのが難しければ、あらかじめ組み合わせられたバランス型の「インデックス・ファンド」がおすすめです。

◉つみたてＮＩＳＡ

「つみたてＮＩＳＡ」は税制優遇制度が利用できる投資信託です。投資商品の収益にかかる20・

315％の税金を非課税にしてくれます。20・315％といえば収益の約1／5にあたります。それが手元に残るのでメリットがとても大きいです。

さらに2024年1月から大幅に制度が改正され、「新NISA」が始まります。

これまで、「つみたてNISA」以外にも「一般NISA」、20歳未満専用の「ジュニアNISA」があり、これらは併用できませんでしたが、新制度では「つみたて投資枠」、「一般NISA」が「成長投資枠」となり、併用できるようになりました。

また、投資可能期間が「一般NISA」「つみたてNISA」ともに2023年までと期限が決まっていましたが、それが撤廃されます。また、これまで非課税期間が「一般NISA」が5年、「つみたてNISA」が20年と決まっていましたが、それも無期限となり、より長く、お得に運用することが可能となります。

さらに、「つみたてNISA」は、年間の積立上限額が40万円、「一般NISA」は120万円でしたが、「新NISA」では「つみたて投資枠」が120万円、「成長投資枠」が240万円となります。

さらにＮＩＳＡは、解約や積み立て金額の減額も自由にできるので、急にお金が必要になったときや、定年退職で収入が少なくなったときにも対応できます。

20年後、30年後の老後資金を準備しようと考えた場合は、「つみたてＮＩＳＡ」や来年から始まる「新ＮＩＳＡ」の「つみたて投資枠」を活用し、資産形成をしていきましょう。

◉iDeCo

「ｉＤｅＣｏ」は、「個人型確定拠出年金」のことで、老後資金を作るための年金制度です。月額の掛金は５０００円以上で１０００円単位で決めることができます。「ｉＤｅＣｏ」も「つみたてＮＩＳＡ」と同様、積立期間中の収益にかかる20・３１５％の税金が非課税になります。加えて、所得税・住民税の節税ができるというメリットもあります。積み立てる掛金の全額が所得控除できるからです。

運用商品には元本保証型の金融商品もありますが、ほとんどが投資信託で運用されています。元本保証型の運用商品から選んでしまいがちですが、長期の資産作りという目的からしても、投資信託から選ぶべきです。

そこで「つみたてNISA」同様に、分散効果の高い組み合わせになるよう選ぶのがおすすめです。

ただし注意点は、積み立てた年金資金は原則60歳になるまで受け取ることができません。また、原則、解約することもできません。さらに「iDeCo」は加入期間が10年以上必要で、払い込み期間は60歳（一部65歳）までとなります。

50代以降に加入した場合は、受け取り開始可能な年齢や払い込み期間なども、加入時の年齢によって異なってくるので、事前に確認することが大切です。

このように国もさまざまな制度を作ることで、国民の資産形成をバックアップしています。**「NISA」や「iDeCo」などの税制優遇制度をうまく活用して、老後資金作りをしてください。**

生命保険で資産形成をしようとは思わないこと

みなさんは生命保険に入っていますか？　日本人の多くは、保険に対して絶大な信頼を持っています。

日銀が3カ月ごとに公表する「資金循環統計」によれば、2023年3月末の個人保有の金融資産は2043兆円でした。そのうち、現金・預金が1107兆円、それに次ぐ535兆円が保険・年金・定型保証で、341兆円の証券等・債務証券・投資信託を大幅に上回っています。

そもそも、**生命保険商品の本質は「保障」であって、投資ではありません**。それなのに、**資産形成ができる「運用商品」と考えている人が多いのです**。

昔、生命保険の中で、変額保険というタイプが人気になりました。この保険は、大幅に元本を割り込むことはなく、万が一のときは、払い込んだ保険料とほぼ同額の保険料が出るというものでした。

しかし保険商品というのは、保障機能があることによって、保障部分を確保するためのコストが必要です。そのため純粋に運用に回せるお金が少なくなります。運用に回せるお金が少なくなれば、その分だけ運用利回りは低下します。

つまり保険料を払い込んだ時点で、投資信託の購入手数料や信託報酬よりもはるかに高いコストが差し引かれているのです。

ですから、保障（=生命保険）と運用は切り離したほうがいいです。保険で資産形成をしようとせず、あくまで**いざという場合の保障に限定して、生命保険に加入する**ことをおすすめします。

節税やトラブル対応のために、税理士や弁護士との関係を作っておく

残りの50年を自分の希望通り乗り切るためには、お金の知恵が必要です。家計を上手に管理して経済的な不安から解放されないと、人生100年時代を楽しく生きることはできません。

しかし50代になると、役職定年で収入がダウンしたり、パートで働いている人も、これから働く時間を増やして収入を増やすのは体力的にも厳しくなります。

そこで支出を減らしていくことが大切ですが、**意外と落とし穴になるのが税金です**。50代は、「いざというとき」が起こりやすい年代です。例えば相続がその一つです。相続の申告自体は自分ですることができますが、相続に慣れた税理士に手伝ってもらったほうが相続自体にかかるお金を安くできることもあります。

他にも税金を低く抑える方法は、いろいろあります。医療控除や扶養控除、年末調整などで戻

ってくるお金など、**いつでも相談できる相手がいることが大切**です。

また、税理士だけでなく**弁護士も「いざというとき」に頼りになります**。離婚、浮気、交通事故、借金、近隣トラブル、職場での労働問題、賃貸の退去時の原状回復など、専門的なアドバイスをもらえるだけでも、心の平穏が取り戻せます。

税理士や弁護士を探すのは、**口コミが一番**です。税理士の場合は、周囲に相続税を支払ったことのある人、会社経営者、自営業をしている人などに節税対策もしっかりしてくれる税理士さんを聞いてみることです。

友人知人からの紹介が、一番信用できます。

弁護士も同様に、まずは友人知人に聞いてみてください。直接の知り合いでなくても、名前があがった人に会って話を聞いてみることも大切です。かかりつけ医を持つような気持ちで、信頼できる税理士や弁護士を探し、上手に利用しましょう。

「今」の生活を豊かにすることにお金を使おう

これまで、お金を節約して貯蓄や投資をするようにとお伝えしてきましたが、そもそも何のために節約や貯蓄、投資をするのか？　それは、**自分の残りの人生を豊かに過ごすため**です。何もあの世に行くための交通費や、来世で過ごすための生活費を貯蓄しているわけではありません。**理想は寿命で死ぬときに、財産がプラスマイナスゼロの状態になること**です。そのために月々の生活費を計算し、余剰分は自分の人生が豊かになるために使ってほしいのです。

50代になると、老後のことが心配だから貯金しているという人がいます。その気持ちも分かります。でも、今の生活でやりたいことを切り詰めて貯金していたのでは、本末転倒です。繰り返しになりますが、50代からはいかに自分の生活を豊かに送るか、これが最優先事項です。

自分の生活を豊かに暮らしている人は、周りから見てもとても魅力的です。映画や本にお金を使った人からは、映画と本の話が尽きないですし、日本酒やワインなどのお酒にお金を使った人は、その造詣の深さにびっくりしますし、海外の個人旅行にお金を使った人からは、思わぬ失敗談もたくさん出てきます。

そうすると、「あなたの話を聞きたい」とみんなが集まります。「一緒にご飯を食べましょう」「飲みに連れていってください」と、交友関係が広がっていきます。

しかし、「貯金」は「貯金」で終わります。そこからリカバリーすることはありません。**必要以上に貯め込まず、自分の人生を豊かにするため、その後の人生を友人たちと楽しく過ごすため、自分の生活を豊かにすることにお金を使うようにしてください。**

50代の今を豊かに過ごしつつ、お金の知恵をつけることによって、老後も豊かな生活を手にすることができると思います。

第6章

今後の人生編

あえてアウェイの場所も。60歳までに自分の居場所を五つ持つ

50代からの生活において自分の居場所があることは、とても重要なことです。これまで会社と自宅の往復だった人ほど、定年後になってはじめて、会社という居場所（＝コミュニティ）がどんなに大事であったかに気づくようです。

出生街道を走って定年後も会社に残り、それから引退した人よりも、早期に出世を諦めて自分の世界を作ることにシフトした人のほうが、幸せな定年生活を送っているケースも多いです。それは、会社から期待されなくなって時間ができたことで、外部の世界を広げたり、そこにコミュニティを求め、うまく溶け込めたからです。それにプライドが高い「出世組」よりも、しがらみから解放された「非出世組」のほうが、人間的にも親しみを持たれ、コミュニティに溶け込みやすいという理由もあります。

そこで、**50代のうちに意識して所属するコミュニティを増やすようにしてください**。定年後に急にコミュニティ探しをするよりも簡単です。

コミュニティの数は、できれば**五つくらいあることが理想**です。幼なじみ、地元のボランティアグループ、学生時代の同期会や同窓会、前職の同僚、趣味のグループなど。どうでしょうか？パパッと思い浮かぶでしょうか？

そして重要なことは、それぞれのコミュニティで**違ったキャラクターを演じる**ことです。会社では「厳格な上司」かもしれませんが、趣味のコミュニティでは「素直に教えを請う初心者」、地域のコミュニティでは「気軽に冗談を言う人」、幼なじみの間では「人情に弱い泣き虫」といった具合です。

複数のペルソナ（人格）を使い分けることは、心理学的にも心の健康のために必要なことです。今、頭の中にコミュニティを浮かべ、五つ未満の人は新しいコミュニティを見つけましょう。

ここで大切なことが二つあります。

一つ目は、50代からのコミュニティ作りは、入るのも出るのも60代以降よりは気軽だということです。

人間関係なので、そのコミュニティと合う合わないは必ずあります。昔、仲がよかったからといって、今でも同じような関係になれるとは限りません。それに、自分が違和感を抱くようなコミュニティは、結局長続きしません。
居心地が悪ければ、抜けてもかまわないのです。

二つ目は、あえてアウェイの中に飛び込むことです。居心地のよい場所はもちろん大事ですが、あえてこれまでの自分が属していた世界とは別の世界に飛び込んでみるのです。居心地がよい場所からは、刺激や緊張感がなくなり、人間の鮮度も落ちてしまいます。

どんなコミュニティがアウェイになるかは人それぞれですが、平均年齢が20代、30代のコミュニティ、男性なら女性ばかりの料理教室、女性なら男性ばかりの筋トレコミュニティなど、今までだったら絶対入らなかったようなコミュニティに、あえて入ってみてください。

意外と自分に合うコミュニティが見つかるかもしれません。

簡単な体験より、難しい体験にチャレンジする

第5章で、「お金で体験を買おう」とお伝えしましたが、**体験には「簡単な体験」と「難しい体験」があります**。

「これだったら成功する」という簡単な体験を選び、成功体験を積むことも大切ですが、50代か

らは**「これはちょっと難しいだろうな」という体験にチャレンジしてほしいです**。

難しい体験は、準備が大変だったり、時間がかかったり、難易度も高いですが、だからこそ、その体験が奥深いものとなり、体験を通じて得られる感動も大きくなります。ジグソーパズルや模型作りなどを思い浮かべてもらうと分かると思います。

そして「難しい体験」にチャレンジするときに、「できたらいいな」と思わないことです。「できたらいいな」のままでは、永遠にできることはありません。

つまり「オーロラを見られたらいいな」「フルマラソンを完走できたらいいな」と、「いいな」のままでは現実になることはありません。

オーロラを見るという体験をしたいのなら、旅行会社に行って旅行のパンフレットを持ち帰り値段や期間を調べましょう。フルマラソンを完走したいなら、まずは5キロマラソンに出場することを目標にジョギングを始めるなど、実際に行動に移すようにしましょう。

具体的な行動に移すことで体験がより現実味を帯びてきます。

「第二の人生」は夫婦の会話からスタートする

結婚している人は、夫が定年退職後、もしくは妻が退職後、二人の生活をどうするかを夫婦で話し合ったことがあるでしょうか？　第5章でもお伝えしましたが、どちらかが退職したあと、**夫婦で月々生活費がいくらかかるのか、老後の暮らしをどうするのか？　意外と夫婦で話し合っていない人は多いです**。

特に男性の場合や女性でもバリバリと働いてきて役職についている人は、定年退職後も長年勤めてきた会社の給料水準で転職先や再就職先を探してしまいがちです。

しかし、50代や定年退職後に同程度の給料が得られる就職先を見つけるのは、ほとんど不可能と言ってよいでしょう。

それなのに、ないものねだりで転職や再就職をしようとし、挫折してしまう人がほとんどです。

もし、事前に夫婦で月々の生活費がいくらかかるのかシミュレーションをしていたとしたら、そこまで夫婦二人の生活費がかからないということが分かります。

これまでの給料よりも下がったとしても、十分生活を成り立たせることができます。

そこで、再就職をしたいのなら給料で選ぶのではなく、自分のやりたい仕事、好きな仕事、楽しい仕事、社会的に意義を感じる仕事で、再就職先を選ぶようにしましょう。

もし、「もうこれ以上仕事をしたくない」のなら、空いた時間に何をするか。そして趣味やボランティア活動などをするためには、生活費をどうやって稼いだらよいか。退職金の資産運用や公的年金、企業年金などによって、何歳から具体的にどれぐらいの収入が見込めるか計算し、**夫婦で共有**しましょう。

教養娯楽費はゆとりを持ってとっておいたほうがいいですし、もし、生活費が足りないのであれば、アルバイトで稼ぐという手もあります。

夫は定年退職後が「第二の人生」のように思っていますが、実は妻のほうが子育てを終えたときに「第二の人生」をスタートさせています。子育てが一段落して、持てるようになった自分の時間に趣味をしたり、ママ友と日帰り旅行をしたり。実は妻のほうが「自分時間」の楽しみ方を習得しつつある先輩だったりします。

夫は、妻がどのように生きがいや楽しみを探したか、経験やアドバイスを第二の人生に活かしてください。

第一の人生で不遇だった人こそ、第二の人生は楽しいと感じるはずです。まずは夫婦で第二の人生のマネープランを話し合うことから始めましょう。

「目標」や「生きがい」を持ち、下の世代から魅力的に映る高齢者になる

誰でも魅力的な人でありたいとは思うもの。下の世代が憧れるような高齢者になりたいはずです。しかし、年齢を重ねるほど、同じ世代でも若々しい人と老け込む人に差が開いていきます。肉体的な衰えは仕方のないことですが、**年をとっても内面はいくらでも成長することができます**。

内面を成長させるためには、例えば仕事もそうですし、ボランティア活動や趣味などで目標を持ち、それに打ち込むことです。目標を持っている人は、精神的にも若々しく、柔軟性もあり、魅力的です。

さらに、その目標とする活動が「人のために何かをしてあげること」「自分のキャリアや知識、

技能で何か人の役に立つこと」であれば、ご自分にしかできないことであり、それが**生きがいになり、ご自身の生きた証にもなるでしょう**。

２０２２年に実施した総務省の調査では、65歳以上で無職の場合の平均的な生活費は、月に一人暮らしで約14万円、夫婦で約24万円です。お金の管理をしっかりとし、計画的に使うようにすれば退職金や公的年金、資産運用やアルバイトで生計を立てることができます。

だからこそ第二の人生では、収入面に囚われず、生きがいを求めてほしいのです。人の役に立っているという充足感、さらに仲間がいて対話や心のふれあいを楽しむことが、心身の健康を保つコツでもあり、第二の人生を豊かに過ごすコツなのです。

50歳は人生のスタート時。「人生の本番」は、70歳から始まる

50歳は人生の折り返し地点ですが、仕事を始めた20代からの30年を自立した人間になるまでの準備期間と考えれば、**50代からが人生本番の幕開け**です。

誰でも20代、30代、40代と、仕事に限らず家事やプライベートなど、さまざまな知識や技能を

身に付けコツコツと積み重ね、貴重な知恵をたくさん得てきたと思います。昔から「亀の甲より年の功」と言いますが、年長者の知恵や教えは、若い者にとっては貴重であり、尊重すべきものなのです。

この宝のような経験を活かさないままリタイヤしてしまうのはもったいないです。

特に組織に勤めていた人は、定年を迎えると、組織に拘束されていた時間をすべて自分の自由に使えるようになります。一日24時間３６５日。この膨大な時間をムダにするのはもったいないことです。

自分が培ってきたことを活かすために、自分を磨くために、人としてさらに成長するために、**ぜひ何かに打ち込んでみてください**。

葛飾北斎が富嶽三十六景を描いたのは70代のときでした。そして90歳で亡くなる前に、「あと5年命があれば、本物の絵かきになれるのに」と言ったそうです。

つまり、人は何歳になっても成長できるものなのです。人生の本番は70代から。大輪の花を咲かせられるよう、**50代から種まきをして、たくさん栄養分を与えて大切に育てていきましょう**。

人生で大切な心の若さを保つために、勉強する習慣をつける

自動車会社フォードの産みの親であるヘンリー・フォードに、こんな名言があります。

「学ぶことをやめた者は老人である。20歳であっても80歳であっても。学び続ける者はいつまでも若い。人生でもっとも偉大なことは、心の若さを保つことである」

勉強しなくなった人は、急速に老け込んでいきます。仕事をしている今は、仕事をすることが日々勉強のようなものかもしれませんが、**それ以外の勉強をする習慣を50代のうちに身に付けてください**。

最近は学びのスタイルも多様化しており、教室に通うだけではなくオンラインで学ぶ方法もあります。特にコロナ禍以降は、オンラインで学びを提供するサービスも増えています。海外の大学院では、オンラインだけでMBAやEMBAを取得できる入学プログラムもあります。

学ぶことは何でもよいのです。みなさん自身が学びたいことを学んでください。好奇心が赴く

ままに広く浅く勉強するのも楽しいですが、50歳からは「一つのことを突き詰める」ことを意識して、勉強を続けてみてください。

学生時代に学んだことの学び直しでもよいでしょう。大学時代、第二外国語でとった中国語やドイツ語など、語学を学ぶのもおすすめです。

若いころに学んだことは頭の片隅に残っているので、勉強を再開すると記憶が蘇り、上達スピードが速いのでモチベーションもアップします。

50代になると自分に向いていることや不向きなこと、好きなこと嫌いなことも見えてきます。その中で、自分に向いていること、好きなことを突き詰めてください。

例えば料理が得意なら栄養士の勉強、家計簿をつけるのが好きなら会計士の勉強をしたり、歴史などが好きなら大学入試問題で高得点を目指すなど、受験を目的にするのではなく、知識の取得を目的として勉強するのもよいでしょう。

脳を働かせ、いつまでも若々しくあろうとすることが大切です。

教養がある人間とそうでない人間とでは、人生の質が大きく変わる

勉強をし続けることは、いつまでも若々しくいられる以外にもメリットがあります。**知識と教養を持って人生を送る**のと、教養がないまま人生を送るのとでは、人生の質が大きく変わるからです。

例えば、向いていることや好きなことを突き詰めていけば、「〇〇のことは、あの人に聞けばいい」と、周囲に得意分野の印象を残すことができます。そうすることで、人脈や仕事につながる可能性が高くなります。

人とコミュニケーションをとるときに、一番楽しいのは**自分の知らないことを教えてもらえること**です。

知識や教養のある人とは、何気ない会話をしていても新しい発見があります。質問をしたときにも、その他大勢の人とはひと味違うアドバイスをもらえるので、周りの人に頼りにされますし、本人にとっても人の役に立つ実感が得られます。

そこで、**積極的に学び、新しい知識や教養を身に付けてください。**教養を磨いたり知識を身に付けるためには、お金が必要なこともあります。しかし、そのお金をケチらないでほしいのです。自分が学ぶことで周りの人が喜んでくれるとしたら、そこでご自分の人生の価値が高まります。これは、お金では決して買えない価値になるのです。

先生に学ぶときは「年齢」ではなく「キャリア」で尊敬する

50代になって何かを学ぼうとしたときに、先生につくことを躊躇することがあります。先の英会話の例でもふれましたが、習い事に行くと先生の年齢が自分よりも下になってくるからです。

特に年功序列の組織の中にいた人は、常に年齢が上の人から仕事について教えてもらっていたため、年下の人から教わることに慣れていません。

しかし、例えばスイミング教室の先生が25歳の若さだったとしても、その先生が5歳から水泳をやっていたとしたら20年のキャリアがあるということです。

いくらこちらが50歳、60歳だったとしても、できないこと、はじめてやることを20年のキャリアがある先生に習うのは当然のことです。

ここで**素直に年下の先生から学べる人と、妙なプライドで学べない人では、学びの質が大きく変わってきます**。

年下の先生に習うことができない人は、ずっと自己流でやることになります。

最近は、水泳でも英会話でも筋トレでも、YouTubeなどの動画で、タダでいくらでもやり方を見ることができます。

しかし、先生に直接指導をしてもらわないと**自己流にも限界があります**。歌が上手になりたくてYouTubeで正しい発声の仕方を見ても、自分の発声の仕方が合っているのか間違っているのか指導を受けることはできません。

ここで間違った方法のまま練習を続けると、悪いクセが固まってしまい、直すのに苦労します。ゴルフなどを思い浮かべてもらうと分かりやすいと思います。これを「ヘタをかためる」と言います。

年下の先生に教わるのはプライドが許さないという人がいますが、相手の年齢関係なしに頭を下げて教わることは、50代以降の人生を豊かにするためにもとても大切なことです。自分から上達への道をふさぐのではなく、先生に対して尊敬の念を持って教わりましょう。

「仕事にできたらいいな」と思っているだけでは、永遠にできない

50代や定年退職後に起業するシニア起業が増えています。みなさんの中にも、「これまでの仕事の経験を活かして起業ができたらいいな」「特技の趣味で、講師やインストラクターになれたらいいな」「勉強してきたことを、今度は人に伝えたいからコンサルタントになれたらいいな」という人がいます。

しかし、**「できたらいいな」と思っているだけでは、一生、できることはありません**。「できたらいい＝現状はできていない」ということですし、人生は現状の積み重ねだからです。

例えば、「長年、趣味でウクレレを習ってきたので、今度は自分が講師となって教室を開きたい」と思ったとします。しかし、ほとんどの人は「できたらいいな」で終わりです。

本気で講師になりたいのなら、まず教室になりそうな物件を探して家賃を調べてみたり、公民館やレンタルスタジオが使えそうなのであれば、その借り方、予約の仕方、値段などを確認してみるべきです。さらに楽譜代や広告費など、経費はどれぐらいかかるか、レッスン料はいくらに

すればよいか、月何回にするか、生徒が何人集まれば黒字になるか、そういった試算もするべきだし、さらにそれを実際に行動に移すことだって可能です。

自分で実際に動きもせず「できたらいいな」では実現することはないです。「カフェを開きたい」「ペットの散歩サービスで起業したい」など、何か起業したいことがあるなら、**まずは自分で調べることから始めましょう**。

「お金がない」「時間がない」のではなく「勇気がない」だけ

起業したい、新しい趣味を始めたいと思っても、「お金がない」とか、「時間がない」といったことを理由として、なかなか行動に移さない人がいます。

しかし、声を大にして言いたいのは、**世の中で起業したり、新しいことを始めている人は、お金があってヒマを持て余している人ではありません**。

「筋トレをしようと思っているんだけど、なかなかジムに通う時間がなくて」という人がいますが、ジムで筋トレをしている人はヒマだから来ているわけではありません。多くの人が布団の中でゴロゴロしている時間、ジムに来て汗を流しています。ヒマなのではなく、自分でジムに行く時間を努力して作っているのです。

「ジムに通えるようなお金がなくて」と、タバコを吸いながらボヤいている人は、そのタバコをやめてお金を作ってください。

そういった人にないのは、「お金」でも「時間」でもなく、**「勇気」**だけ。**新しいことを始める勇気を持って、50代からの新しい一歩を踏み出してください。**

おわりに

この一冊を通じて、みなさんに人生１００年時代の50歳からの生き方をいろいろとお伝えしてきました。

50代、そして組織で働いている人は、定年退職後にどうやって生きるかは、すべての人にとって、とても大切なテーマです。理想の老後を迎えるためにはどうしたらよいか、人生後半をどう過ごしたらよいのか……。

50代の今、その大きなテーマを自覚し、それに向けて対策をするかしないかで、今後の人生に大きな差がついていきます。

70代、80代になって、「こんなはずではなかった」「あのとき、○○をしておけばよかった」と、後悔せず自分の人生に満足するためにも、今、行動することが大切なのです。

そしてその「行動」は、決してハードルが高いものではありません。これまでの固定観念や、ちっぽけなプライド、「今さら」という言い訳を捨ててしまえば、簡単に乗り越えられるものだと僕は思います。

50代までガムシャラに働いてきた人、家事や育児に追われて自分の楽しみがなかった人も、肩の荷を降ろし、そろそろ楽しく「自分自身」の人生を生きることを考えましょう。そして、人生を楽しくさせるかつまらないものにするかは、「お金の有無」ではなく、あなたのマインド次第なのです。

これからは、頑張ってきた自分へのご褒美タイムなのですから、マイナス思考に陥らず、プラス思考で、気楽に愉快に過ごし、ぜひ人生を輝かせてください。

そして、本書がそのための一助となれば幸いです。

２０２３年10月

ＹｏｕＴｕｂｅ図書館運営　金川顕教

Profile

金《かな》川《がわ》顕《あき》教《のり》

「YouTube図書館」運営、公認会計士、税理士、作家。三重県生まれ、立命館大学卒業。大学在学中に公認会計士試験に合格し、世界一の規模を誇る会計事務所デロイト・トウシュ・トーマツグループである有限責任監査法人トーマツ勤務を経て独立。

トーマツでは、不動産、保険、自動車、農業、飲食、コンサルティング業など、さまざまな業種・業態の会計監査、内部統制監査を担当。

数多くの成功者から学んだ事実と経験を活かして経営コンサルタントとして独立し、不動産、保険代理店、出版社、広告代理店などさまざまなビジネスのプロデュースに携わり、300社を起業、300人の「稼ぐ経営者」を育て上げる。

現在、会社7社のオーナー業の傍ら、起業家育成プロデュース、出版プロデュース、執筆活動を営み、「読書で解決しない悩みは一切ない」をミッションとして、一人でも多くの人に読書の大切さを伝えるために「YouTube図書館」の運営及び執筆活動を開始。

YouTube図書館では、毎月10本以上、年間100本以上の書籍解説動画をアップし、これまで解説した書籍は1,916冊以上、チャンネル登録者は159,370人、動画再生回数は3,794万回を突破(2023年9月時点)。

執筆活動では、ビジネス書、自己啓発書、小説など多岐にわたるジャンルでベストセラーを連発し、累計部数55万部以上。執筆した本は、中国、韓国、台湾、タイ、ベトナム等、世界中で翻訳出版されている。

YouTube図書館

http://www.youtube.com/channel/
UCCOM5OkoyUFJa5T4kJn3r0g?sub_confirmation=1
(チャンネル登録者15,370人)
＊検索欄から「YouTube図書館」と検索ください。

YouTube「あっきーの投資アカデミア」

https://www.youtube.com/channel/
UCb1-6lhF73XX7jC6lhJmB3Q

理想が叶う金川顕教LINE通信

@RGT0375Y
(52,344人以上が登録中)
＊ID検索またはQRコードを読み込み「友達追加」を押してください。

50代からの
「幸せ」設計図

2023年11月14日　初版第１刷発行

著　者　　金川顕教
発　行　　フォルドリバー
発行／発売　株式会社ごま書房新社
〒167-0051
東京都杉並区荻窪4丁目32-3
AKオギクボビル201
TEL：03-6910-0481
FAX：03-6910-0482
https://gomashobo.com/

印刷・製本　誠宏印刷株式会社

ISBN978-4-341-08847-7